edition taberna kritika

Die edition taberna kritika wird vom Bundesamt für Kultur (CH) mit einem Förderbeitrag für die Jahre 2021-2024 unterstützt.

René Luckhardt
Zwangsverwandtschaften

http://www.etkbooks.com/
Gestaltung: etkbooks, Bern
Coverillustration: René Luckhardt
Fotos S. 33, 49: René Luckhardt
Foto S. 68: Gudrun Koppel

Bibliografische Information der Deutschen Nationalbibliothek: Die Deutsche Nationalbibliothek verzeichnet diese Publikation in der Deutschen Nationalbibliografie; detaillierte bibliografische Daten sind im Internet über http://www.dnb.de abrufbar.

ISBN: 978-3-905846-62-1

René Luckhardt

Zwangsverwandtschaften

edition taberna kritika

Meinen Eltern

They have their methods, we have ours.

(Margaret Rutherford)

I

Großmutter

Der Stoff, aus dem Großmütter sind[1]

Es gibt in der eigenen Verwandtschaft, nicht selten im engeren Familienkreis, Personen, bei denen wir irgendwann feststellen, dass wir uns fremder kaum sein können. Höflich wundern wir uns im Stillen, wo das wohl herrühren mag, da wir doch vom gleichen Blut sind. In so einem Fall nahe liegende Erklärungen wären wohl die unerwartete Veränderung des Charakters oder der Befindlichkeit der betreffenden Person, ihrer Umgebung oder ihrer Gewohnheiten. Wir haben uns eben auseinander gelebt, könnten wir sagen, um die Angelegenheit für uns abzuschließen. Seltener ist der Umstand, dass ein Familienmitglied bei der ersten Begegnung oder von Anfang an als eine völlig fremde Person erfahren wird. Das lässt sich dann mit anderen Genen oder einer anderen psychischen Disposition halbwegs erklären – oder eben nicht. Es ist seltsam, doch wir lernen damit zu leben.

Nun existiert da noch ein dritter Fall, den ich in der Beziehung zu meiner Großmutter erlebt habe. Er stellt meines Erachtens eine echte Rarität dar, denn hier verhielt sich die Sache umgekehrt: Meine Großmutter hatte sich in ihrem ganzen Leben überhaupt nie verändert. Damit meine ich nicht einfach ihren Charakter oder ihre Lebenseinstellung. Oder ob sie mir fremd oder vertraut war. Solche Fragen stellten sich bei

---

1 Zuerst veröffentlicht in: *HER - Hermetic Experimental Research*, Der Konterfei 09, herausgegeben von Robert Jelinek, Wien 2015, S. 29 – 33

ihr erst gar nicht. Es gab einfach keine Entwicklung. Ihren Alltag lebte sie unscheinbar, eher angepasst und tunlichst darauf bedacht, nicht aufzufallen. Doch ihr Funktionieren und ihre radikale Kontinuität waren mir immer unheimlich und sind es auch heute noch – lange nach ihrem Tod. Als hätte das etwas zu tun mit einer geheimen, heute nicht mehr entzifferbaren vorzeitlich-kosmischen Funktion. Schließlich bestätigte mir dann das, was ich aus alten Familienalben und Erzählungen über sie erfuhr, was ich längst ahnte: Sie war nicht erst durch mich zur Großmutter geworden; sie war schon immer eine gewesen.

Eine Großmutter ist nicht einfach eine alte Frau. Und erst recht keine Hexe, auch wenn das attraktiv erscheinen mag. Nein, sie ist eine geborene Göttin! Von allerhöchstem Adel, in einer gewaltigen Entwicklung gereift und doch – es ist, als sei sie schon immer dieselbe und nie etwas anderes gewesen. Jedes Kind kennt sie, obwohl wir ihr nur selten begegnen. Es existiert ein Bild von ihr in uns allen. Gleich auch diejenigen die Geschichte von Adam und Eva kennen, die die Bibel ihren Lebtag nicht in die Hand genommen haben. Wenn ich nicht irre, nennen wir das in der Psychologie einen *Archetypus*. Ich irre mich aber bestimmt nicht, wenn ich sage, dass es ein fataler Irrtum wäre zu glauben, die Angelegenheit sei mit dem Aktenzeichen erledigt. Was greift denn dieses Wort, von dem wir – seien wir einmal ehrlich – gar keinen Begriff haben. Doch gerade das entspricht ihrem Wesen, weil sie nicht zu greifen ist. Um die Großmutter erleben, sie empfinden und genießen zu können, bedarf es eines besonderen Gespürs. Denn sie ist ein erhabenes Wesen. Und Erhabenheit ist zweifellos die göttlichste aller Eigenschaften.

Nun hieße das aber, es gäbe da eine Grenze, eine Hülle, ein auratisches Gewand, das sich nie berühren, nur erahnen ließe. Wie? – sollen wir von ihr nur wissen und doch ihr Wirken nie mit ihr verbinden dürfen – sie nie *erkennen* können? Das kann nicht sein, das *darf* nicht sein! So drängt die Frage, wie wohl hinter das Wort zu gelangen sei, wir es zu entblößen vermöchten, auf dass ein wohl geformter Begriff sich entpuppe und entfalte. Wie wir es von hinten erschließen und – ohne einen Makel an der Fassade zu hinterlassen – läutern könnten.

Bevor wir jedoch mit unserem apollinischen Auge die Sache zu erhellen versuchen, sei darauf hingewiesen, dass Resultat und Wesen solcher Erhellung nicht bloß unvollkommen, sondern abstoßend deformiert sein können. Und, dass die Operation geschieht gleichwohl um den Frevel wissend und um dessen Reflexion, die auf die Frevler*in also doppelt ihren Schatten werfen muss.

ERITIS SICUT AVIA
OBLIVISCETIS BONUM ET MALUM[2]

---

2 *Ihr werdet sein wie Großmutter / Ihr werdet vergessen, was gut und böse ist.* Anamorphose des *Eritis sicut deus, scientes bonum et malum.* (1. Mos. 3,5)

Das Wort *Großmutter.* Beleuchten wir es mit unserer griechischen Taschenlampe. Zunächst fällt auf, dass sie *groß* genannt wird, was zu einiger Verwunderung Anlass bietet, ist doch allerseits bekannt, dass sie gerade kleinwüchsig von Gestalt ist. Auch aus genealogischer Sicht betrachtet, macht das Wort wenig Sinn. Hätte sie doch besser Vor-Mutter, Mutter-Mutter, Erst- oder Alt-Mutter geheißen. Item. Es steht da unmissverständlich *groß* und *Mutter*, *große Mutter*, ganz ähnlich dem Archetypus C. G. Jungs. Und Jung? Hatte er selber doch den Archetypus in der eigenen *Mutter* erkannt – und nicht etwa in seiner Großmutter! Wie ist das möglich? Sollte der Meister sich geirrt haben? Wie lässt sich dieses Rätsel lösen? Je länger ich darüber nachdachte, desto merkwürdiger wurden die Schlüsse, die daraus zu ziehen waren. Konnte es sein, dass seine Mutter gar nie eine Mutter war, sondern schon immer eine Großmutter, und dass diese sich nur als Mutter ausgegeben hatte, um ihn zu täuschen und die daraus resultierende Verwirrung und ihre unabsehbaren Folgen auskosten zu können? Oder hatte sich da – schrecklicher Gedanke! – eine Großmutter in die arme Frau eingenistet? Und, wenn zu so einer Tat schon fähig, hatte sie sich am Ende ... war nicht vielleicht gar der Meister selbst im Innersten eine Großmutter geworden – noch gerissener, noch launenhafter, noch gewaltiger und grausamer?

Meine Großmutter starb im Winter. Da sie hoch bejahrt war, kam ihr Tod nicht überraschend. Sie lebte, wie hierzulande üblich, seit einiger Zeit in einem Heim und wir besuchten sie in regelmäßigen Abständen. Eines TaVerzeihen Sie die Störungges aber hatte man sie überraschend verlegt. Ich suchte und fand sie schließlich in einem widerwärtig niedrigen Keller. Was für ein absonderlicher Keller das war und um wie viel absonderlicher er erst werden sollte! Für mein Empfinden ein verzauberter Garten! Vorerst hinter dem Türrahmen verborgen, beobachtete ich sie still und heimlich. Von namenloser Verwunderung über dies merkwürdige Wesen erfüllt stand ich da und betrachtete eingehend ihre halb abgewandten Züge. Ihre dichten, weichen, pechschwarzen Locken. Und ich stellte mir vor, wie es wohl wäre, drücke man sich gegenseitig einmal so recht innig.

Plötzlich fing sie an, zu mir zu sprechen, obwohl sie unmöglich bemerkt haben konnte, dass ich in ihrer Nähe war und sie belauschte. Mäuschenstill verhielt ich mich und merkte bald, ihre Rede war gar nicht an mich gerichtet, sondern traf mich vielmehr unmittelbar. Welch Gefühle heil'ger Abscheu flößte mir das ein! Denn was sie sagte, war nicht persönlich gemeint, sondern galt mir stellvertretend für alle anderen. Liebes Kind, sprach sie und lehnte sich in ihrem großen Großmutter-Ohrensessel zurück, bis sie im Schatten der Ohren verschwunden und nur noch ihre süße Stimme zu hören war – tief und dunkel und voller Geheimnis und Vertrautheit und Verwirrung. Liebes Kind, ich sah auch nicht immer so aus wie jetzt. Und was anders aussieht, das ist auch ein anderes. Auch wenn andere meinen, es sei noch das eine. Und erst recht, wenn es selber glaubt, es sei schon immer gewesen, was es sein müsste. Das, mein liebes Kind, ist eine Illusion wie Zeit oder Erkenntnis. Sie mag nicht völlig nutzlos sein, weil wir damit Kurzweil und artig Disziplinierung und Verwaltung treiben können. Aber am Ende des Fortschritts und der Jugend stehe ich: das Veraltete, das Regressive, der ewige Kreislauf, die Nullbilanz, das Nichts. Großmutter sagt: Um zu verstehen, musst Du die hohen Stufen verlassen und mich in den Niederungen suchen. Hast Du darum nach meinem Äußeren gefragt, weil Du auf das Innere schließen willst? Glaubst wohl, eine Großmutter wäre eine Moira[3], eine Dise[4] oder ein Drache? Aber nein, Großmutter ist ein menschliches Wesen! Wenn auch ein unnützes Wesen, da es sich weder zum Konsum noch zur Karriere eignet. Ein natürliches Wesen, das geboren wurde und irgendwaDie können sowas festellen, das ist Wissenschaftnn stirbt. Oder stirbt sie etwa nicht? Ist sie doch diejenige – das belegt schon die Statistik – die am nächsten an der Vergangenheit lebt. Sie reicht am weitesten zurück. Aber sie ist auch gleichzeitig am nächsten dran an unser aller Zukunft – dem Tod. Asche, Staub und Runzeln. Erinnerung und Schmerz, Geburt. Ein *living link* zwischen Vergangenheit und Zukunft, zwischen dem einen und dem anderen Raum, wenn wir so wollen. Dann lägen wohl in ihr Anfang und Ende. Doch auch das trifft es nicht. Sehen wir die Großmutter, schauen wir die Tiefe, die – wie alles, was Tiefe hat – dunkel und unheimlich erschei-

---

3 Schicksalsgöttin der griechischen Mythologie

4 Vegetationsgöttin der nordischen Mythologie

nen muss. Es gibt dort keinen Anhaltspunkt, keine Bewegung, nicht einmal einen Kreislauf. Das würde ihrem Wesen und ihrer Macht auch nicht entsprechen. Vielmehr wäre die gelungene Definition der Beweis, dass es sie – und damit diese Welt – nicht gibt.

II

Steingrab

Das Erbe des Steingrabs
oder was passiert, wenn wir uns in einen Hohlraum einschreiben

Unweit des historischen Limes und der Münzenburg, oberhalb des Flüsschens Wetter, das sich durch die Ebene schlängelt und dem die Region ihren Namen verdankt, liegt auf einer Erhebung vor einem Wäldchen eine von Menschen angeordnete Steinformation. Die ursprünglich prähistorische Megalithanlage ist das früheste erhaltene Zeugnis menschlicher Architektur in dieser Gegend, deren Bild heute geprägt ist von den kleinen hessischen Ortschaften, vereinzelten Ruinen und Gehöften, Feld und Wald abseits des Verkehrs der Autobahnen und Bundesstraßen. Auf dem Fußweg zu der im Volksmund *Heilige Steine* genannten Anlage weht ein leichter Wind, der uns beim Aufstieg begleitet, und wir verspüren eine vertraut dunkel melancholische Stimmung, die selbst an sonnigen Tagen solchen archaischen Landstrichen anhaftet und sich nicht ergründen lässt.

Die Stätte wurde seit 1892 dreimal ausgegraben und ihre bis zu sieben Tonnen schweren Steine neu angeordnet. Ihr gegenwärtiger Zustand ist eine Rekonstruktion, die den Ergebnissen der vorläufig letzten Grabung vor einem Vierteljahrhundert folgt. Festzuhalten ist, dass zuletzt eine weitaus größere Gesamtfläche der Anlage erkannt werden konnte als bis dahin angenommen. Zugunsten von Datierung und Sicherung archäologisch relevanter Daten stand bei ihrer Erfassung das Regelhafte des Bauschemas im

Vordergrund. Die Heiligen Steine sind nun archäologisch vernetzt. Festzuhalten bleibt aber auch, dass die Anlage allein in den 100 Jahren zwischen 1892 und 1992 mindestens zweimal, wenn nicht dreimal umgebaut wurde. Daraus zu folgern, es müsse ergo in den 49 Jahrhunderten davor mit 100 bis 150 Umbauten zu rechnen sein, ist sicherlich überzogen. Doch lassen sich Umbauten auch in früheren Phasen nicht ausschließen, wie wir sie beispielsweise von Stonehenge annehmen müssen. Daneben belegen die wenigen überlieferten Funde, dass die Anlage über die Jahrtausende hinweg verschiedentlich in Gebrauch gewesen sein muss. Ferner, dass es verschiedene Ansichten über sie gab und gibt. Und nicht zuletzt, dass keine der Grabungen darauf verzichtete, den vorgefundenen Zustand ihrer Ansicht entsprechend zu regulieren.

Heute erhebt sich ein etwa vier Meter hoher, frei stehender Monolith neben den Resten eines gedrungenen Ganggrabs. Unter die tonnenschweren Deckplatten könnten wir gerade noch darunter kriechen, wenn wir wollten. Ein Kind würde es ohne Zögern tun, wie ich es selber beobachten konnte, Erwachsenen genügt sicher die Vorstellung. Vorstellungen solcher Art sind aber nicht unwesentlich, denn sie beeinflussen unsere Rezeption. Nicht nur, weil wir mit einer Architektur zuvorderst eine Schutzfunktion assoziieren. Die Vorstellung, um was es sich bei einer Megalith-Anlage ursprünglich gehandelt und wozu sie gedient haben könnte, hat einen erheblichen Einfluss auf Darstellung und Rezeption des Bauwerks. Das belegt nicht nur die Grabungsgeschichte der Heiligen

Steine. Bereits die Termini *Ganggrab* oder *Megalithgrab* suggerieren nicht bloß eine vorrangige, sondern eine einseitige Verwendung der Anlage. Die Rezeption wird dadurch nicht nur einfacher, sie wird auch attraktiver. Sie lädt uns dazu ein, in uns unsere wissenschaftliche, grabräuberische oder druidische Ader zu entdecken. In jedem Fall ist dort jemand oder etwas verstorben, sodass ein (kulturelles) Erbe angetreten werden kann.

Warum wollen wir erben und warum alte Steine? Was erwarten wir von so einem Erbe? Sind es wissenschaftliche Erkenntnisse, Auskünfte über unsere Herkunft, Inspirationen für die Zukunft oder ist es einfach Neugier, Habgier vielleicht? Nun, wir können die gleiche Anlage auch anders sehen: Da steht ein steinerner Phallus im Wind, daneben eine Art Steinvagina oder Steinuterus, ursprünglich wahrscheinlich mit Erde überdeckt, ins Erdreich implantiert, später dann freigelegt, entblößt. Funktion unbekannt. Es gibt tierische und menschNormalerweise bin ich im Esszimmer, bevor die Familie herunter kommtliche Knochenfunde. Wollen wir wirklich wissen, was da dahintersteckt, was das ursprünglich war, was es dann war und danach und was Unbekannte gestern noch dort angestellt haben? Ginge es nach Robert E. Howards Megalith-Fantasien, wie in *The black stone*, volkstümlicher Aberglaube, abartige Rituale, Menschenopfer, Kannibalismus wären die geringeren Übel. Und was ging dem voraus? Belegen doch die verschiedenen Spuren und Umbauten eine unüberschaubare Abfolge archäologischer

Denaturierung, Zweckentfremdung, Verschiebungen, Anamorphosen der Menschheit. Wollen wir dieses Chaos wirklich erben? Oder wählen wir aus und legen uns das dann zurecht, bis uns das Erbe vorteilhaft erscheint? Wem oder was auch immer wir hier begegnen, es ist nicht mehr bloß der Wahnsinn des Universums, es ist dann unser eigener. Welch dunkler Drang, an diesem Erbe teilhaben zu wollen, es in uns zu wissen und uns in ihm.

Nehmen wir aber einmal an, wir wollten erben oder müssten. Dann lägen Herausforderung oder Anspruch doch darin, herauszufinden, woher diese Anlage ursprünglich stammt, was sie hervorgebracht hat. Gemeint ist nicht, dass die Heiligen Steine der Gruppe der Megalithgräberzone von Burgund zuzuordnen sind. Auch nicht, dass die Mehrtonner im immerhin zwei Kilometer entfernten Bruch bei Münzenberg geschlagen wurden. Das sagt noch nichts darüber aus, warum es diese Architektur gibt, oder über das Bedürfnis der damaligen Menschen an diesem Ort ein Bauwerk auf internationalem Niveau zu errichten. Aus unserer Perspektive lässt sich zunächst einzig, dafür aber mit Gewissheit sagen, dass ein starker Drang oder Druck vorhanden gewesen sein muss, um ein solches Vorhaben zu planen, zu organisieren und über einen längeren Bauzeitraum durchzuziehen. Es setzt voraus, dass ein entsprechender Apparat zur Verfügung stand, das Projekt zu realisieren, also eine Langzeitmotivation bestand, die über eine Idee hinausgeht. Es setzt voraus, dass die Organisator*innen von seiner Notwendigkeit überzeugt waren. Der Notwendigkeit, einen die Zeit überdauernden Raum zu schaffen, der als Artefakt erkennbar war und als solches auch beeindruckte. Kein anderer Grund rechtfertigt den langen und mühsamen Transport der Steine überzeugender. Denn eine Architektur unmittelbar am Bruch hätte die Wirkung, die dem Bau innewohnende Kraft, Energie und Autorität, drastisch geschmälert, mithin das ganze Unternehmen entzaubert. Wo aber leiten sich nun Antrieb und Argument für dieses übermenschlich menschliche Bauvorhaben her?

Man is driven by his insatiable appetite for filling cavities.

Der Satz stammt aus der Feder des Sexualforschers und bekennenden Erotomanen George Malcolm Darcey (*Paths of humanity. Sexual culture in modern Britain*). Trotz derb formulierter Mehrdeutigkeiten lassen die Schriften Darceys keinen Zweifel an seiner kritischen Haltung gegenüber herrschenden Strukturen und Verhältnissen. Josef Anton Fleischhauer hat Darceys unpopulärer Status, der unter den Nazis seinen vorläufigen Höhepunkt erreicht hat, nicht davon abgehalten, ihn noch 1931 zu zitieren, freilich in dessen ursprünglicher Bedeutung *verschoben*. In seiner Universaltheorie (*Herrschaft der Mütter. Zur Theorie eines vorgeschichtlichen Matriarchats*) erscheint der Satz nun so:

Mannheit strebt (zwar) immerzu nach Höhlung. (...) Diese Höhlung auszustatten, ist das Ziel allen männlichen Antriebs.

Beide Axiome klingen heute antiquiert, gehören ins Reich der Dichtung, doch sind sie in eine bestimmte Richtung verzerrt, deren zugrunde liegende Dynamik uns im Folgenden interessieren wird. Dehnen wir nämlich den Ausspruch Darceys weiter durch Raum und Zeit, so gelangen wir heute zu einer nüchternen Feststellung, die da lauten könnte:

Die Menschheit zeichnet sich durch den Drang aus, Hohlräume zu erzeugen und diese dann zu füllen.

Gemeint ist damit weder der gegenwärtige Bauwahn (ein wohl eher aus der Renditenblase generiertes Inflationsprodukt), noch eine *Theorie der hohlen Erde.* Gemeint ist auch nicht mehr die prähistorische Grabkammer als solche. Gemeint ist ein unermesslicher *virtueller* Hohlraum, der gefüllt werden will. Mit Projektionen, mit Ichs und Euphorie, Hoffnung und dunkler Emotion, Gier und Mehrwert, Ritual, Porno und Angst. In der Tat, so könnten wir von einem spirituellen Standpunkt aus argumentieren, sind Ego und Mind stets versucht, die Leere nicht fühlen zu müssen. Irgendwie entsteht im Knotenpunkt der Ego-Struktur die Illusion eines Ichs. Das erfährt sich zwar als einzigartig, jedoch als abgespalten und allein. Das Alleinsein wiederum erzeugt nicht nur die Vorstellung, dass dieses Ich das Zentrum sei und der Rest seine Umwelt, sondern auch Angst. Das Ich trennt sich von sich selbst und sucht sich an einem anderen Ort.[5] Es spricht eini-

---

[5] Der Prozess von Trennung und Suche ändert die familiären Verhältnisse.

ges dafür, dass es sich bei diesem Ort um eben jenen Hohlraum handelt, den es mit seinen Bedürfnissen füllen und Ablenkung erfahren kann. Aleister Crowleys *Abyss* markiert so einen Ort, der eigentlich keiner ist, an dem alle Dinge existieren, jedoch als Möglichkeit nur, als *Delusion*. Was heißt das auf unsere Megalith-Anlage bezogen?

Der Clou besteht darin, dass an Stelle der Leere Hohlräume treten können, die den Einzelnen zugewandt und darum bewältigbar, mächtig und zugleich teilbar und diese Teile wiederum mitteilbar erscheinen. Es gibt bestimmte Formen oder Formationen, die weniger zu ihrer Deutung einladen als unmittelbar zur Projektion zwingen: ein gähnender Abgrund, ein markanter Fels, eine dunkle Höhle, eine helle Wohnung, eine erhabene Architektur. Geeignete Formationen eignen sich Wesen an. Sie sind von einer Art, die, aus der Ferne betrachtet, banal erscheinen kann, andererseits absurd. Das Ich in ihrer Nähe gerät in ihren Bann und ins Wanken, wie es sie einzuschätzen hat: beschützend oder bedrängend, einladend oder erdrückend, faszinierend oder abstoßend. Gerade darin liegt ihre Qualität und ihre Macht.

The attic is not haunting your head – your head is haunting the attic, schreibt Thomas Ligotti in seiner Kurzgeschichte *Purity*. Das Gebilde wird offensichtlich mit Hingabe genährt. Der Vorgang wäre insofern zu ergänzen, als der heimgesuchte Dachboden nun wiederum den Mind heimsucht. Gleiches gilt für die alte Pfeife in M. R. James' Horrorstory *Oh, whistle and I'll come to you*. Die funktioniert nämlich so: Auf der einen Seite wird hinein geblasen, auf der anderen kommt etwas heraus. Der Atem dient als Datenträger, die Pfeife als Katalysator. So dürfte das *Quis est iste qui venit* der Geschichte beantwortet sein, doch mit diesem (banalen und wenig hilfreichen) Wissen geht das Grauen erst richtig los: Die gerufene Erscheinung ist nun nicht mehr etwas anderes, ein gestaltloses Dings außerhalb von uns selbst, sondern stammt von uns und dorthin drängt es zurück. Es ist also bereits in uns selbst, doch damit nicht genug. Denn dieses Selbst liegt zugleich auch nicht mehr in uns, sondern hat sich der Kontrolle entzogen, verselbständigt und übernimmt. Das Ungreifbare packt zu. Die Ahnung wird Gewissheit, die Schuld daran trifft uns selbst. Anders ausgedrückt: Das Ich ist ein Anderes, das nun sein Recht auf das Ich geltend macht. Der Horror liegt in der selbstreferentiellen Mechanik, die, einmal in Gang gesetzt, weder aufzuhalten, noch zu beeinflussen ist.

Hermetische Räume basieren auf diesem *intrinsischen Prinzip*: gestern hinein, nach innen gerichtet, heute von innen her kommend, und umgekehrt. Die verkürzte Darstellung bleibt Modell, da sich im Nachhinein nicht mehr mit Gewissheit sagen lässt, von wem oder was die Heimsuchung einmal ursprünglich ausging. Das gilt für Ligottis Dachboden und James' Pfeife genauso wie für unsere Megalithanlage und für Netzwerke generell, das World WidSo ordinäre Worte wie sie nicht einmal in der Bibel stehene Web eingeschlossen. Wer sich in den frühen 90er Jahren noch als begeisterte Internet-Pionier*in verstehen konnte, hat spätestens zur Jahrtausendwende erfahren, was Internet für die virtuelle und reale Existenz rückwirkend bedeutet.

In der Tat lassen sich auch Megalithanlagen als Terminals verstehen, *Quartiere* bzw. *Sektionen* (i.e. Unterteilungen des Kammerbodens durch aufgestellte Steinplatten) als Speichermodule. Da ein hermetischer Raum immer *Vor-Raum* ist, fungiert er als Portal oder Konnektor. Megalith-Anlagen können also als Zugänge zu einem weltweiten oder kosmischen Netz begriffen werden. Es beruht auf dem Drang, sich über repräsentative Daten bzw. entsprechende Träger virtuell einzuspeisen.[6] Tatsächlich funktioniert eine Megalithanlage auch heute noch als eine besondere Architektur, die eine Teilhabe an der Ewigkeit verspricht. Form und

---

6 Von hier aus betrachtet wird auch deutlich, dass eine Technologie zu ihrer Zeit aus dem gleichen Grund funktioniert, aus dem sie zu einem anderen Zeitpunkt nicht mehr funktioniert: ihre *Kompatibilität*. Es handelt sich also bei dem Schritt von damals zu heute weniger um ein Vergessen (zeitlich), als ursächlich und zuvorderst um Indifferenz und mangelnde Abrufreize im System (räumlich), also um einen Schritt von dort nach hier. Die Differenz entsteht quasi automatisch durch Verschiebungen, Verunsicherungen, Veränderungen im Programm (Anamorphose), die wiederum Verbindung, Zugang und Wiedererkennung erschweren, bis sie schließlich unmöglich geworden sind. Die einst eigene Sprache und Kultur ist folglich nicht mehr zu verstehen und zerfällt in eine Ansammlung banaler Gegenstände und kryptischer Zeichen. So sind sie in ihrer ursprünglichen Verwendung wertlos, unter Umständen aber in anderer Hinsicht desto wertvoller geworden. Folglich wird laufend weiter spekuliert, projiziert und gegraben, umgebaut und (re)animiert.

Intrinsisches Prinzip gehen da offensichtlich eine über Regionen und Zeiten hinweg attraktive Verbindung ein: ein heiliger Ort, eine ewige Behausung. Entscheidend ist, sie ist positiv besetzt: Schutz, Fortschritt, Zivilisation, Verband, Familie, Heim, Kultur, Leistung. Da fällt es nicht schwer sich einzubringen, heute nicht wie damals. Der früheste Impuls der vorzeitlichen User*innen dürfte ergo ein euphorischer, neugieriger, hoffnungsvoller gewesen sein. Das Ego hat hier einen würdigen Ort gefunden, den es mit seinen Bedürfnissen und Projektionen füllen kann. Es lockt das Eingebundensein in den großen Zusammenhang, der über die einzelnen Menschen und ihre gewohnte Wahrnehmung hinausgeht: regional, kosmisch-kalendarisch, spirituell.

Um eine Anlage dieser Größe erschaffen zu können, muss bereits in dieser ersten Phase auch eine formale Motivation bestehen, die eine naturgemäß kurzlebige Euphorie, als Impuls, überdauert. Sie amtiert als Technologie gleichzeitig auch als eine Art Garantie dafür, dass das Unternehmen nicht einfach aus- oder ins Bodenlose läuft. Wir wollen sie *Argument* nennen. In unserem Modell löst das Argument die Euphorie ab und setzt an ihre Stelle eine formale Ordnung. Sie garantiert gewissermaßen die Vollendung des Projektes, indem sie die Teilhaber*innen nun verpflichtet. Mit ihr entwickeln sich Selektion und Hierarchie, Mehrwert, Abhängigkeit und eine schicksalhafte Dynamik. Die vom Ego geschaffenen Strukturen wirken jetzt korrigierend zurück; eine Art Interimsphase, die von zunehmender Geschwindigkeit, Schwankungen und Halb(er)kenntnissen geprägt sein dürfte, also Unsicherheit, Zweifel und schließlich auch Druck und Angst generiert, insbesondere vor Konkurrenz, Verlust oder Minderwertigkeit. Mit dieser Angst treten wir in eine Phase ein, die ganz im Zeichen der effektivsten aller intrinsischen Techniken steht: der Depression.[7] Die Anlage, der Dachboden, die Architektur, das virtuelle Netz haben die Kontrolle übernommen. Aggressive Beschleunigung der (sozialen) Verhältnisse und (kulturelles) Erstarren schließen sich dabei nicht aus, im Gegenteil. Wer an den Events der Hohlraumindustrie nicht mehr teilnimmt, wer die Verbindung zur Wahlfamilie nicht permanent aufrecht erhält, muss fürchten, sich selber aus der *Figuration* (Norbert Elias) auszuschließen, die eigene Existenz zerstäubt. Für die Seligkeit derjenigen, die beschützt sind, ist es ein Glück, dass die grausigen allegorischen Bedeutungen des Hauses nicht auf der Fassade desselben liegen. Das Haus als Schicksalsmacht und Herrschaftsbezeichnung, der *oikos* als Wirtschaftsgefüge und Grab[8]. Ein

---

7 *Die Depression ist das Uran unserer Zeit. Eine geballte Ressource, deren Auswirkungen im Superkapitalismus so oder so Gewinne einfahren. Nebenwirkungen? So gesehen hat wohl jeder edle Stoff Nebenwirkungen, sei es Gold, Kokain oder Plutonium. Maßgeblich ist die Energie, die er bereit stellt. Darin liegt der Fortschritt. Wo wären wir, wenn wir dauernd Kollateralschäden reflektierten?* So oder so ähnlich könnte das Gefüge argumentieren - wenn es sprechen könnte. Zur Privatisierung von Depression vgl. Mark Fisher: *Good for Nothing*. theoccupiedtimes.org

8 Den Hinweis auf die semantische Vielfalt des griech. *oikos* verdanke ich Andreas L. Hofbauer.

Schutz, dem niemand zu entkommen vermag. So verträumt und eindeutig ambivalent wie das *Web* im World Wide Web.

But still I could not keep my attention from straying into that other room, sensing what elaborate plots were evolving there and what they might mean for my existence, heißt es bei Ligotti weiter (*The Sect of the Idiot*). Das Intrinsische Prinzip ist hartnäckig, und je mehr wir uns damit beschäftigen, desto hartnäckiger wird es. Ist das *sensing* auch auf etwas bezogen, das unerreichbar scheint, so ist es doch unmittelbare Verinnerlichung dessen, von dem wir ausgeschlossen sind. Es geschieht aus physischer Ferne und zugleich aus innigster Nähe, die natürlich (Selbst-) Täuschung sein kann und doch eine ungeheure Anziehung besitzt, da wir uns selber aus der Ferne rufen.

Vor kurzem durchleuchtete neueste Remote-Sensing-Technik das Erdreich der Umgebung von Stonehenge. Aus erheblichen Gründen wurde auf nicht-invasive Technologie gesetzt. In diesem Ausmaß ist das bislang einmalig und es bestand Einigkeit darüber, dass keine Landschaft es mehr verdiene, von einer so detaillierten Studie zu profitieren, als Stonehenge. Schließlich spricht einiges dafür, dass zumindest Mitteleuropa von Hügelgräbern und Megalith-Anlagen übersät gewesen sein muss, die dem Antlitz der Erde, aus der Ferne erkundet, zeitweise eine Art Stein-Akne bescherten, mithin also mit einer Inflation zu rechnen gewesen wäre. Doch auch Megalith-Pop ist eine natürliche EntwicklunIch kann mir die Kundschaft leider nicht aussucheng. Warum sollte also zu Zeiten von Massenfabrikation nicht dem fortschrittlicheren Design der Vorzug gegeben werden, heute wie damals. Und warum soll es mit fortschreitender Zivilisation nicht auch eine Ansicht gegeben haben, die Megalith-Anlagen und Hügelgräber als

Die heiligen Steine.

quasi-chirurgische Eingriffe am Antlitz der Natur erkannt hat, heute wie damals. Ob es nun darum geht, durch Unvollkommenheit zu vervollkommnen oder das Unvollkommene zu vervollkommnen oder sich in den Prozess des Vollkommenen einzuverleiben oder das Vollkommene ins Unvollkommene, muss vorerst offen bleiben. Doch sollten wir die Hypothese zur Disposition stellen, dass die Geschichte des Hohlraums mit einer aseptischen Vervollkommnung einhergeht, bei der die Menschheit ab einem bestimmten Punkt mehr stört als nutzt. Ein Siedepunkt, an dem das Intrinsische Prinzip geradezu infernalisch erscheint.

III

Neff*in

Eric Stenbock, Le petit Comte und die Neff*in, ihr anamorpher Charakter und verwandte Formen

Mein Onkel war ein Gentleman der allerfeinsten Sorte und ein schräger Hund. Als Spross einer reichen Industriellenfamilie war er noch zu Lebzeiten des letzten Zaren in Russland aufgewachsen und weilte gerade in der Schweiz, als die Revolution dem Rest der Familie den Garaus machte. Einzige Überlebende außer ihm war seine Mutter, die barfuß mit ihrem Schmuck und hastig aus den Rahmen geschnittenen Ilja Repins am Zürcher Hauptbahnhof ankam. Die Repins blieben in der Familie, der Erlös aus dem Verkauf der Juwelen hielt freilich nicht lang vor. Der Onkel handelte en gros mit Strumpfbändern für die Pariser Damenwelt oder mit Flugzeugen für General Franco. Da er nur Gentleman Agreements kannte, die Zeiten sich aber geändert hatten, fanden Geschäfte dieser Art für ihn irgendwann ein Ende. Es blieb der Broterwerb als Übersetzer, da er sieben Sprachen fließend beherrschte. Ich erinnere mich noch gut, wie ich ihn als kleiner Bub mit meiner Tante im Krankenhaus besuchte, in dem er kurz darauf verstarb. Ein Mann vom Kaliber eines Francis Picabia oder Aleister Crowley, dessen aristokratische Erscheinung einen tiefen Eindruck hinterließ. Erst viel später sollte ich erfahren, was er mir als seinem Neffen zugedacht hatte.

War ich bislang Sohn gewesen, gab es nun ein keimendes Gespür für den Neffen. Konnte ich das sein, Sohn und Neffe zugleich, oder nur Sohn, nur Neffe? Wenn vom *Sohnemann* die Rede ist, haben wir alle eine Vorstellung, mit wem wir es zu tun haben. Aber sind Sie jemals einem Neffen begegnet?

Sie kennen, nehme ich an, Xeno-Beziehungen, deleuzianisches Werden, Sympoiesis, Biontik etc pp. Verwandtschaftsbeziehungen und Filiationen sind seit Jahren analysiert, dekliWenn ich hier auch diene, in Wahrheit bin ich ziemlich unabhängigniert und in Frage gestellt worden. Nur gibt es bisweilen merkwürdige Sommermorgen, wo die alten Wurzeln nach uns greifen und wir erkennen müssen, dass unsere Verbindungen nicht gerade und gewohnt, vielmehr quer und fremder kaum verlaufen können.

Um dieses geheimnisvolle Spiel der Abstammung und die Rollen von Söhnen und Neffen darin wusste auch Graf Eric Stenbock, Autor der *Zwanglose(n) Theegesellschaft und die Zwangsverwandtschaften.* Stenbock hatte sich nicht nur literarisch mit Verwandtschaftsgefügen auseinandergesetzt, sondern auch die ein oder andere Attacke gegen die Familie geritten. Dass er einen Idiotenclub gründete oder seinen Tagesablauf auf den Kopf stellte, kann man bei seinen Archivar*innen nachlesen, für unseren Zusammenhang interessant ist seine Sohn-Puppe.

Stenbock pflegte in der Gesellschaft zweier Tanten zu reisen, sowie eines Hundes, eines Affen und einer lebensgroßen Puppe, die er *Le petit Comte* nannte und von der er angeblich behauptete, sie sei ein Sohn. Ferner heißt es, er habe diesen künstlichen Sohn von einem Jesuitenpater erziehen lassen und dafür keine Kosten gescheut, sehr zum Ärger der Familie. Verständlich, beginnt nicht das Unruhestiften, genau wie die Wohltätigkeit, im eigenen Hause? Wie kann ein ehrfürchtiger und standesbewusster Sohn Geburtsrecht und genealogische Vertikale derart deformieren und zugleich Sohn sein? Die Antwort muss lauten: Er ist keiner. Was aber ist er dann? Wo steht er im abendländischen Verwandtschaftsgefüge, wenn er es auf die Vertikale abgesehen hat, auf Väter und Söhne zielt und also wider die eigene Position? Wir wollen die These wagen, die es im Folgenden zu erörtern gilt: Er befindet sich auf der schiefen Bahn von Onkel und Neffe. Stenbocks Puppe wäre demnach gar kein Sohn, sondern ein getarnter Neffe.

Folgt man dem menschlichen Geist auf seinen Streifzügen vertikal und schräg durch die uralten, sich wandelnden Regionen menschlicher Verbindungen, von deren Wirksamkeit die Empfindungen zeugen, und es sich als richtig und wichtig erweist, eine feste Form oder einen Wesenszug auszumachen, so wollen wir den Versuch unternehmen, den Neffen genauer zu bestimmen. Was zeichnet einen Neffen aus und wie verhält er sich im klassischen Familiendiagramm?

Zunächst teilen die Filialgenerationen die Position der Nachfolge. Bei genauerer Betrachtung weisen Sohn und Neffe deutlich *nach vorn*. Tochter und Nichte müssen in einer konservativ-heterosexuell geprägten Tradition, deren normativer Anspruch sich nicht einfach ignorieren lässt, gleichgültig wie man sich zu ihm verhalten mag, als *in Obhut befindlich* eingestuft werden, Enkel als zurück auf die Großeltern bezogen[9]. Während auch der Sohn in der Vertikalen verbleibt, erscheint der Neffe hingegen bewegt oder verzogen.

Eine besondere Rolle spielt dabei die Tante. Um des besseren Verständnisses Willen stellen wir sie uns ruhig in Gestalt von Pierre Klossowskis Roberte vor.[10] Jean-Noel Vuarnet hat auf die magische Verbindung zwischen Tante und Neffe in Bezug auf dessen Werk hingewiesen, wobei die *Klossowki'sche Erziehung des Blicks* die Betrachter*in in einen Schuljungen oder Neffen verwandle. Während der Neffe der Mutter entspringt, kann er mit der Tante kokettieren, da er nicht (mehr) *unter* jener steht. Die Tante wiederum ist kein aktives Wesen, kein gebärendes und auch kein verschlingendes, eher ein knabbernder Charakter, obgleich auch sie der Großmutter entstammt. Durch ihr ungebundenes Moment hat sie sich von Mutter (Schwester) und Großmutter entfernt, zu denen sie sich sonst in permanente Konkurrenz versetzt sieht.

---

9 Das *Enkel-Denken* ist Sohn-Denken in weiter Ferne. Es scheint unverbindlicher oder entspannter, ist aber nicht unbedingt weniger verantwortungsvoll und folgt auch der konsensfähigen Vertikalen.

10 Die andere berüchtigte Tante der modernen Literatur, Seatons Tante (Walter de la Mare), eignet sich hier weniger. Das geht schon damit los, dass sie gar keine *richtige* Tante ist, wie Seaton irgendwann bemerkt. In der Tat ist sie in Beschaffenheit und Verhalten untypisch. Ihre merkwürdige Position im Verwandtschaftsgefüge, ihr Alter, ihre Bösartigkeit, die sie umgebende Dunkelheit und Schwere, die derart mächtig strahlt, dass Seaton von *jeher wie begraben* wirkt, dürften als Indizien dafür gelten, dass es sich hier um ein sehr großmutterhaftes Wesen handeln muss.

Die ungenierte Bewegung ist für sie charakteristisch, im Gegensatz zur Großmutter, die sich nicht bewegt, sondern in die Tiefe zieht.[11] Dieses Ziehen ist ein anderes als es die Tante auf den Neffen ausübt. Das Tantige beginnt auf Augenhöhe und lockt hinauf. Es zieht nicht ins Dunkle, sondern richtet auf, schwebt. Die Tante (sie attrahiert) bringt den Neffen überhaupt erst hervor, der sie wiederum zur Tante macht. Sie ist Attraktor, er Agens, sie Reagens. Dieses Kräfteverhältnis, in das sich der Neffe versetzt sieht, löst ihn als Noch-Sohn aus seiner monopolischen Bindung.

Es ist in der Folge die Schräge, die den Neffen unverkennbar macht. Sie garantiert ihm Ruhelosigkeit und Unbeständigkeit, einen *anamorphen Charakter* von ungewöhnlicher Formbereitschaft, der auch bestimmte Qualitäten des Sohnes einschließt, den die traditionelle westliche Gesellschaft in seiner Funktion als Stammhalter schätzt. Der Neffe besitzt also eine Verbindung zur Vertikalen, ebenso wie die Distanz zu ihr. Das macht ihn unabhängig und unberechenbar. Der Neffe ist darum auch kAlte Sünden werfen lange Schattenein Cousin. Das mag verwirren, aber Sprünge des Egos, der Bezugsperson innerhalb des Diagramms, sind keineswegs ein Versehen, sondern Nötigung und Folge seiner anamorphen Art. Das ist nicht der einzige Grund, warum der Neffe unangenehm auffallen muss. Er ist einerseits ein Mitglied der Familie, andererseits

[11] Großväter hingegen halten sich bedeckt, treten also selten in Erscheinung. Sie versterben früher als Großmütter und bestätigen die Vertikale, indem sie zum Beispiel Uhren weitergeben.

aber auch Konkurrent in der Horizontalen, insbesondere des Vaters und des Sohnes. Diesem Konfliktpotenzial wird in den gelebten Familienmodellen unterschiedlich begegnet. Als Beispiel mag das *Hawaiische System* nach Murdock dienen, wo der Neffe kurzerhand Sohn und Tochter gleichgestellt und damit entschärft wird.

Etymologisch soll es sich bei dem Wort *Neffe* um ein im neunten Jahrhundert bezeugtes Erbwort handeln aus ahd. *nevo*, in der offeneren Bedeutung von *Bruder-* bzw. *Schwestersohn*, *Enkel*, *Nachkomme*, *Verwandter*. Erst in der Neuzeit wird das Wort im heutigen Sinn verwendet. Als Vorformen gelten aind. *nápāt* (*Sprößling*, *Sohn*, *Enkel*) oder lat. *nepos/nepotis* (*Urenkel*, *Enkel*, *Neffe*, *Nachkomme*) und rekonstruiert indoeurop. **nepōt* (*Enkel*). Eine ebenfalls rekonstruierte Form **neptī-* ließe sich möglicherweise als Amalgam aus indoeurop. **potis*, (*Herr*, *Gemahl*) mit dem Verneinungspartikel **ne* in der Bedeutung von *Unmündiger*, *Schutzloser*, *Unselbständiger* deuten. Wenn wir uns aber schon im spekulativen Bereich bewegen, dann sollte auch in Betracht gezogen werden, dass *Nicht-Herr* nicht zwangsweise *Un-freier* bedeuten muss. Das Gegenteil könnte ebenso gelten, nämlich im Sinne von *Nicht-eingebundener in Hierarchie oder Vertikale*, also gerade frei.

Wir dürfen uns einen Neffen nicht als reale Persönlichkeit vorstellen. Andererseits verwundert es nicht, wenn Goethe davon überzeugt war, dass es sich bei *Rameaus Neffen* um ein *sehr wirkliches Wesen* gehandelt haben müsse. Denn dort, wo ein Neffe auftaucht, ist es mit der Ruhe dahin, und Diderots Neffe ist die lebendige Zeichnung eines Prototypen. Dieser Neffe *spricht auf das schmählichste von seinem Vater* und ist von *außerordentlich(er) Einbildungskraft*, *ohne Scham* und *ohne Prahlerei. Und nichts gleicht ihm weniger als er selbst.* Ein halbwegs passables historisches Beispiel wäre vielleicht Donatien Alphonse Francois de Sade, doch nicht deshalb, weil es da einen ausschweifenden Onkel Abbé gab, denn ein Onkel macht noch keinen Neffen. Ähnliches lässt sich bei Jacques Tatis *oncle* beobachten, gleichwohl er die *schiefe Bahn* erkennt, denn der Film heißt schließlich nicht *Mon frère* oder *Mon père.* Bei Reineke Fuchs und Neffe Grimbart, einem Dachs, ist der eine so gewieft wie der andere. Oder es verhält sich gerade umgekehrt, wie bei Arthur Cravan und seiner späten Onkelentdeckung Oscar Wilde. Sherlock Holmes, Gulchenrouz und der Joker könnten als literarische Beispiele durchgehen, und beim Pumuckl steckt als Diminutiv von Nepomuk der Neffe bereits im Namen. In der Kunst ähnelt ihm der *David* von Michelangelo. Nun könnten wir meinen, dass gerade das Diabolische oder Stichelnde Mephisto zu einem Paradebeispiel machen sollten. Mephisto ist aber kein Neffe, sondern ein Sohn, ein widerspenstiger und unfolgsamer zwar, doch bleibt er, wie wir von Goethe wissen, letztlich immer im Gefüge. Ähnlich übrigens wie Jesus, Sohn Gottes (und nicht des Joseph), auch wenn er seinen Anhänger*innen riet, sie sollten ihre diesseitigen Verwandtschaftsverhältnisse hinter sich lassen und ihm folgen. Ein Neffe hätte keine solchen Anhänger*innen, wozu auch, hat er doch am Führen kein Interesse. Er lässt sich weder verpflichten, noch festlegen oder eingrenzen. Mit anderen Worten: wir können uns ihm nicht anverwandtschaften. Sehr treffend erscheint mir darum die kurze Beschreibung W.G. Sebalds eines streunenden Hundes (*Schwindel. Gefühle*), der *wie alle herrenlosen Hunde schräg zu der Richtung, in der er sich fortbewegte, zu laufen* schien.

Mythologisch taucht der Neffe praktisch gar nicht auf. Doch wenn, dann in voller Fahrt als *tollkühne(r), wenn nicht gar den Menschen übel gesinnte(r) Neffe* (Claude Lévi-Strauss, *Mythologica).* Aber auch dann bleibt er indifferent. Wie die Großmutter, deren *pertinentes Merkmal* gerade darin besteht, dass sie nicht mehr menstruieren kann, selbst wenn sie vorgibt sexuell aktiv zu sein, hat er keine gewöhnliche oder eindeutige Sexualität. In dieser Hinsicht sprechen oben genannte Beispiele für sich.

Historisch hatte der Neffe seine Blütezeit in Renaissance und Barock als Kardinalnepot im politischen Kalkül päpstlicher Erbfolge. Auf diese Weise wurden geschickt unschickliche Vater-Sohn-Nachfolgen umschifft bei gleichzeitiger Beibehaltung der machtvollen Familienvertikalen. Genau genommen müssen wir bei dieser Urform des Nepotismus von einem *Pseudoneffen* sprechen, da es gerade nicht darum ging, dessen anarchisches Potenzial zu entfalten, sondern einen guten Sohn zu (er)zeugen. Das dürfte bis heute gelten, ist es doch ganz im Sinne Roy Cohns alias

Al Pacino, wenn er als Staranwalt in der Verfilmung von Tony Kushners Bühnenstück *Angels in America* verkündet: *The most precious asset in life is the ability to be a good son.*

Es scheint als bestünde die Welt heute aus entwurzelten männlichen und weiblichen Söhnen oder Söhn*innen[12]. Außer vielleicht in Walt Disneys Entenhausen, wo es von Onkeln und Neffen nur so wimmelt. Tatsächlich aber bleibt die für die Ducks typische *Abfolge über Verwandtschaftsverhältnisse zweiten Grades* (Grobian Gans) bloß eine Abfolge. Es ist Familie und ist es nicht, zumindest nicht im Sinne der erwarteten Verbindlichkeit der realen Kernfamilie. Dadurch eröffnen sich zwar literarische Möglichkeiten, aber es bleibt beim vertikalen Denken. Anders ausgedrückt: Es handelt sich bei Entenhausen um ein Paralleluniversum, in dem die Vertikale eben so verläuft. Warum ist das so und warum ist das interessant für Wahrneh-

---

12 Es handelt sich dabei nicht nur um eine mögliche Form gendersensibler Schreibweise des beginnenden 21. Jahrhunderts. Die weibliche Form von *Sohn* ist von der traditionellen Terminologie her betrachtet gar nicht anders als so zu erkennen, sollen sich Unterschiede und Abgrenzung sprachlich manifestieren bzw. ihrer Historie eingedenk bleiben. Gehen wir davon aus, dass das Ego traditionell männlich konnotiert ist und die Prägung im traditionellen Familienmodell vorsieht, dass sich Nichten, Enkelinnen, Töchter *in Obhut* befinden, sehe ich derzeit keine andere Form, die diesen Umstand sprachlich reflektiert. In diesem Zusammenhang sicherlich erwähnenswert ist, dass sich eine berufsmäßig kochende Frau heute auch nicht als *Köchin* verstehen kann, muss oder will, sondern als *weiblicher Koch*, wie es gerade in einer bekannten TV-Kochsendung erörtert wurde.

mung und Stellenwert der Neff*in[13]? Kurz gesagt, das bei Donaldist*innen so genannte Prinzip der *Veronkelung* dient der besseren Identifikation der Leser*in, dem ungestörten Lesevergnügen. Fragt man umgekehrt, was eine Vater-Sohn-Abfolge bedeuten würde, können wir an den Einwänden die Vorteile für die Konsument*in erkennen. So würde der Umgang der Enten-Onkel mit ihren Neffen in einer traditionellen Vater-Sohn-Beziehung einen dauernden Verstoß gegen die vertikale Sittlichkeit bedeuten. Oder die Leser*in dürfte die Vater-Sohn-Nummer als unmodern und undynamisch, vor allem aber als belehrend und darum wenig unterhaltend erfahren. Der Disney-Neffe schafft eine beschauliche Distanz, sodass Konsumbedürfnis (Comicwelt) und moralisches Empfinden (Familien- bzw. reale Welt) der Leser*in nicht in Konflikt geraten können.[14]

---

13 Nicht nur in Analogie zu den Söhn*innen, sondern gerade aufgrund der Qualitäten des Neffen sollte von einer geschlechterunabhängigen Form, der Neff*in, ausgegangen werden. Sie wäre ohne den historischen Neffen nicht zu verstehen und ist historisch schwierig zu belegen, aber auch nicht auszuschließen. Elsa von Freytag-Loringhoven oder La Chevalière d'Éon wären hier möglicherweise zu nennen, aber auch nicht festzulegen, was wiederum eine Qualität der Neff*in darstellt. Um nun zwischen historischer Verwendung und zeitgemäßer Perspektive zu vermitteln und der Entwicklung einigermaßen Rechnung zu tragen, werden im Folgenden beide Formen verwendet.

14 Das Phänomen wiederholt sich auf der Ebene der Literatur *über* die Ducks. Wenn bei Donaldist*innen die Rede von *den Neffen* ist, dann sind automatisch Tick, Trick und Track gemeint. Entsprechend bleiben Untersuchungen auf das Dreiergespann

Da wir nun sehen, dass die auf Abstand gehaltene Neff*in zu Unterhaltung und Erquickung gereichen kann, und wir ferner sehen, dass die echte Neff*in, Ärgernis und Störenfried, eine Gefahr für die öffentliche Ordnung darstellt, so scheint uns, ist genügend gerechtfertigt, dort einen Blick hinzuwerfen, wo sich unsere westliche Zivilisation gern herschreibt, nämlich auf das Alte Ägypten, ob wir dort neben dem obligatorischen Sohn nicht einen Neffen ausmachen können. Zugestanden, ein gewagtes Unternehmen, zumal die Neff*in in den Geschichten und Mythen durch Abwesenheit glänzt, so auch im ägyptischen Osirismythos. Dort ist bekanntlich Horus Sohn uDie ganze Familie besteht aus unangenehmen Menschennd Erbe des Geschwisterpaares Isis und Osiris. Der Inzest ist nicht ungewöhnlich und entspricht dem vertikalen Denken. Ihnen wird horizontal ein weiterer Bruder zugeordnet, der das Familiengefüge stört. Dieser Seth tritt später auch als Onkel in Aktion und die Störung findet nicht nur diagonal statt, sondern dauerhaft. Man wird das Gefühl nicht los, dass dieser Onkel den Sohn aus der Reserve locken will. Der wiederum bleibt brav in der Vertikalen, auch wenn er den Schlichen seines Onkels in nichts nachsteht. So gibt es also keinen Neffen, dafür einen stichelnden Onkel mit Neff*in-Qualitäten. Zu welchem Zweck? Aus diesem Horus lässt sich beim besten Willen kein Neffe erzeugen. Er bleibt Sohn, und die Neff*in abwesend. Müßig zu spekulieren, ob sich nicht zwei Familiengefüge aus verschiedenen Erzäh-

---

bezogen, selten aber im Sinne der Veronkelungstheorie.

lungen überlagert haben könnten und Seth als Neffe der ersteren entstammt, die jedoch verloren ging oder verdrängt wurde. So oder so ergibt sich keine unmittelbar sicht- oder greifbare Konkurrent*in auf der Horizontalen. Folglich gibt es auf der Ebene des Egos (Horus/Pharao) keine Antagonist*in auf Augenhöhe und damit keine Identifikationsalternative für die junge Generation innerhalb des Gefüges (Kosmos). Die Kernfamilie schützt die Vertikale durch Inzest, der Onkel bestätigt den Sohn. Die *abwesende Neff*in* Ägyptens dient der geschickten Konsolidierung der mythischen Oberhoheit über das Außen im Innen, der absoluten Ordnung unter der Vorherrschaft des Sohnes (Pharao) als Garant einer konstant vertikalen Reproduktion durch die Zeit.

Zu einer Neff*in kann es in Ägypten nicht kommen. Die mythologische Vertikale, nicht zuletzt im Zusammenspiel mit dem Begriff der *Ma'at, die den Dingen eine Richtung gibt*, weiß das zu verhindern. Wollten wir aber die klassische Darstellung des Pharaos, bei der die Figur mit dem Stein verwachsen ist, als *Sohn der schwarzen Erde* (*km.t*) bezeichnen, so erscheint endlich der griechische Kouros als Ägyptens Neffe. Freier Stand, Leichtigkeit und Nacktheit, das abstrakt-entrückte, arrogant wirkende Lächeln und sein (vermeintlich) bescheidenes, elegant irritierendes Geschlecht, all das sind unverkennbare Merkmale einer Neff*in. Keine Geburt, kein Tod, kein Urschlamm, keine tonnenschweren Blöcke in Reichweite. Sie lässt Fels, Gravitation und ewigen Kreislauf einfach hinter sich. Was hat sie noch mit Ägypten zu tun? Nichts, die Neff*in steht frei.

Wir könnten einwenden, in der Amarna-Zeit gäbe es Hinweise auf eine Neff*in. In der Tat setzt das Herrscherpaar Echnaton und Nofretete etwas in Gang, das

Echnaton verschlingt sein Kind.

sich in verzogenen Formen manifestiert. Wir denken da insbesondere an die Kolossalstatuen aus dem Karnak Tempel. Verlängertes Gesicht, weibliche Hüften und indifferentes Geschlecht sind in ihrer Anamorphizität deutliche Indizien. Aber dennoch, auch wenn offizielle Religion und Hofstaat in kürzester Zeit verschoben werden, bleibt es bei der Vertikalen. Sie wird auf die Kernfamilie reduziert, herausgetrennt und versetzt. Wir können hier von einem extremen Rationalisierungsprozess der Vertikalen sprechen durch Hochgeschwindigkeit, Effizienz und Abkoppeln redundanter Tradition. Das führt zwar zunächst zu Verzerrungen, aber nicht zu Neff*innen. Sondern und gerade in Verbindung mit zunehmender Abstraktion und Geschwindigkeit zu Entwurzelung und Atomisierung der Söhne und Töchter Ägyptens. Das war gewollt. Der *Oberste Mund des ganzen Landes*, einer der zahlreichen Aufsteiger unter Echnatons Regierung, bewundert seinen Pharao als einen, *der die Herzen ausforscht* und preist dessen Programm: *Du formst die Menschen und ihre Sinnesart.* Die Manipulation wird unumwunden gefeiert. Echnatons Programm greift in die Persönlichkeitsstruktur und formt sie um. Wozu und nach welchen Kriterien? Was bleibt in einem bodenlosen Verwaltungsapparat anderes übrig, als ein totales Ausrichten nach den Machtgradienten, den formalen Eliten? Dieser implementierte *elitäre Charakter* ist anamorph, doch gerade kein *anamorpher Charakter.* Damit ist das System Echnaton-Nofretete seiner Zeit weit voraus, ja, kehrte sie sich um, wir fühlen uns damals an heute erinnert.

Eric Stenbocks Entourage ist alles andere als homogenisiert. Vielmehr ist sie so angelegt, dass sie ein permanentes Spannungsfeld erzeugt, innerhalb dessen er sich bewegt, oder besser gesagt: innerhalb dessen er dauernd verzogen wird. Anamorpher Charakter, elitäres Bewusstsein? Zweifellos. Die merkwürdige Konstellation macht es unmöglich, ihn oder seine Motivation irgendwie zu verstehen oder zu kategorisieren. Selbst wenn wir im *petit* der Grafenpuppe ein resignatives Moment zu erkennen glauben, selbst wenn wir die Tanten als *nicht echt* entlarven, weil sie getarnte Großmütter sind (wie wir es auch im Fall des armen Norman Bates annehmen können); es gibt keinen Zustand, den die Konstellation *Tanten-Affe-Hund-Puppe* nicht wieder verzerren könnte. Was aber die Frage angeht, ob es sich bei *Le petit Comte* tatsächlich um einen Sohn gehandelt haben könnte: Mit der (historischen) Neffen-Abfolge scheint es sich in etwa so zu verhalten wie in der Mathematik mit + und -. Setzt man + für den Sohn und - für den Neffen, erhält man bei Sohn und Neffe einen Neffen, bei Sohn und Sohn bzw. Neffe und Neffe immer einen Sohn. Ein Neffe kann keinen Neffen hervorbringen, der nicht ein Sohn wäre. Aber auch wer einen Neffen behauptet, wie in der Abfolge der Kardinalnepoten, der erhält keinen Neffen, sondern einen *guten Sohn.*

Eric Stenbock ist nicht bloß der Neffe seiner Tanten. Stenbock wird gerade durch seine skandalöse Puppe als Neff*in erkennbar: ein Störenfried, der die (eigene) Kernfamilie attackiert. Um aber als Neff*in zu einer Neff*in zu gelangen, kann der Weg nur über eine Söhn*in führen. Die Überlieferung, Stenbock habe von *Le petit comte* als einem Sohn gesprochen, darf damit als gesichert gelten, und was auch immer mein Onkel mit mir im Sinn hatte, es hätte letztendlich zu nichts anderem geführt als zu einem guten Sohn.

IV

Schmerz

Ein wenig Rauch und dessen Schmerz, sowie ein wenig Schmerz und dessen Rauch

Es heißt, der historische Eric Stenbock war ein reicher und unglücklicher Mensch. Er starb, zurückgezogen und verlangsamt, an den Folgen seines Alkohol- und Drogenkonsums, versponnen in eine zäh und lahm gewordene Welt aus skurrilen Ansichten und bizarren Gewohnheiten. Gezählt die Tage der Muße und der Dichtkunst. Vorbei die Zeiten, in denen er mit seiner Reisegruppe, zu der ein Hund, ein Affe und zwei Tanten, sowie die *Le petit Comte* genannte Sohn-Puppe zählten, durch die Lande zog. Wer aber wären wir, müssten wir das kommentieren. Möglich, dass wir als Nachgeborene ohne aristokratisches Erbe oder Spleen da weder hineingepasst, noch ein Verständnis hätten entwickeln können, andererseits vielleicht gerade noch gefehlt hätten, um dem Ensemble den letzten Schliff zu geben. Kurzum, es gibt keine Ähnlichkeit zwischen Stenbock und Dir oder mir. Ja, meinetwegen war er ein Dandy, unglücklich et cetera, ja, ja, das war die Zeit, das kennen wir. Aber eine Ähnlichkeit, etwas, mit dem wir warm werden könnten als Leser*innen, was soll das sein im Fall Stenbock?

Nun, vielleicht ist es weniger eine Frage der Identifikation als der Affektion. Vorfahr*innen, auch wenn sie nicht blutsverwandt sind, hinterlassen etwas, das sich weiterreicht, eine Wirt*in findet und die Nächsten bindet; nicht selten mehr als wir meinen, wünschen oder zu schätzen wissen. Und ließe sich nicht schon in einer gehauchten Nachricht etwas übertragen, das bei der Sender*in kaum oder gar keine Beachtung findet, jedoch das Leben der Empfänger*in gründlich verdirbt?

Anekdoten um die Person Eric Stenbocks und ihren Lebenswandel gibt es viele. Denn es macht Freude, den Staub vergangener Leben und Zeiten zu atmen, ob diese Geschichten nun wahr sind oder verzerrt. Und unsere ist es garantiert, so verstunken und erlogen wie sie daherkommt. Streng genommen, und in der Strenge liegt die Würze, ist das hier nicht einmal eine Anekdote, denn es fehlt nicht nur der Witz. Und auch als Fabel lässt sich das, was Leser*in und Autor hier zugemutet wird, beim besten Willen nicht verkaufen, obwohl es an lehrreichem Geplapper nicht mangelt. Vermutlich ist es bestenfalls ein verschnittenes, besserwisserisches Irgendwas. Kämmerchengedanken. Deren Konsistenz wird auf ganz natürliche Weise desto kompakter und fader, je länger wir sie hin und her rollen. Aber auch das muss es geben und darum soll es endlich beginnen, gleich jetzt im Herrenzimmer des Familiensitzes Haus Kolk.

Eric, im frisch grünen Anzug und orangem Seidenhemd ohne Kragen, lehnt lässig am väterlichen Kamin und raucht im Kreis seiner Lieben marokkanische Zigaretten. Allmählich ist ihm langweilig. Le petit Comte, eingenickt über der Lektüre, liegt mehr in seinem Sessel, als dass er sitzt. Er hat den ganzen Tag den Pegasos geritten und ist sichtlich erschöpft. Das Buch auf seinem Schoß trägt den Titel *The killing joke* und handelt, wie er sagt, von den Problemen einer narzisstisch gestörten Dynastie. Die Tanten stricken und tuscheln im HinterIch weiß nicht, was ich sagen soll, viele Ehen enden heute in einem Desastergrund. Dabei schauen sie abwechselnd sehr tantenhaft zu Eric hinüber. Der Dachshund Trixie, der lieber ein Wolf wäre, und der Affe, der es seit vergangener Weihnacht ablehnt, sich die Erde als ein rundes Gebilde vorstellen zu müssen, dösen kreuz und quer vor sich hin. Über der trägen Gesellschaft schwebt bläulicher Dunst, der sich hier und da sanft kringelt und gelegentlich eine arabeskenhafte Figurine oder ein gequältes Gesicht frei gibt.

Eric, stößt der völlig benebelte Affe hervor und fuchtelt mit seinen dünnen Ärmchen, willst Du uns vergiften? Eric krault die sich am Boden räkelnde Hausschlange, einen jungen Python, was den Affen furchtbar enerviert. Pfui Teufel, Eric, Deine arrogante Art weckt in mir den (*unverständlich*)! Aber bellende Primaten beißen nicht; wenigstens nicht selbst, oder jetzt noch nicht. Im Gegensatz zu Clowns, Fledermäusen und Wölfen oder vielmehr solchen Schlauköpfen, die meinen, sie müssten sich ihnen anverwandtschaften. Wenn es darum ginge, müsste aus dem beleidigten Tierchen eigentlich ein guter Premier werden. Denn dass es zu Höherem geboren ist, das weiß es aus der verfeinerten Wendigkeit seiner Launen. Potzblitz, denkt Eric und betrachtet seine Zigarette. Wie ihm scheint ist sie von der Seite her gesehen lang und schmal, vom Ende her aber noch viel länger und schmaler und raucht sich gerade wie von selbst. Nein, kreischt der Affe, nicht von selbst. Wir alle rauchen sie, das Zimmer raucht sie, jawohl, unser ganzes Haus! Worauf er sich versenkt in die folgende Betrachtung der Beziehung von Rauch und Haus unter Berücksichtigung ihrer genealogischen Relevanz. Bedenken wir, was sich im Rauch aufgrund seiner kolloidalen Form so alles festsetzen und vermengen kann, so ist nicht auszuschließen, vielmehr sogar sehr davon auszugehen, dass das Erbe der Großmütter und Väter im Hausgeruch, um wie viel mehr im Rauch des heimischen Herdes, gebunden sein und so direkt in Nasen und Gemüter wirken muss. Wie Weihrauch. Wen wundert es, dass der Vater aller Väter als brennender Dornbusch und mithin als rauchender erschien? Und wenn das Hebräische ein Wort *ruach* kennt, dessen semantisches Feld von *Wind* oder *Atem*, *Seele* oder *Geist* schließlich auch den *Atem Gottes* umfassen kann, hat dann nicht der Rauch in unser aller Körper sein Haus gefunden?

Ach was, Sternstaub, grummeln die Tanten und klappern mit ihren teuflischen Stricknadeln lauter als unbedingt nötig, wovon Le petit Comte erwacht, den sonst weder Affengezeter noch Hundegeschwätz aus der Ruhe bringen. Ihrer Ansicht nach, so fahren die Tanten in sekretärisch gestraffter Haltung fort, gehören Affen nicht zu der Spezies, die philosophieren sollte. Überhaupt ist jede Philosophie, die sich auf Annahmen oder Behauptungen gründet und sich anmaßt aus persönlichen Erfahrungen Schlüsse zu ziehen, abzulehnen. Wissenschaft hingegen kann mit unzähligen Nachweisen und Beispielen aufwarten, die für alle nachvollziehbar machen, wie es auf der Welt seit jeher zugeht. Denken wir nur an den lehrreichen Vortrag des Professors und alles Zweifeln und Gestocher im eigenen Dunst erübrigt sich. Die Leser*in kennt sicher ähnliche Berichte, wie den des Gelehrten von der Überlebensstrategie des haitianischen Spinnenvolkes, innerhalb dessen eine friedfertige, emsige und eine unproduktive, aggressive Spezies koexistieren. Tritt eine Verknappung der Ressourcen ein, beispielsweise aufgrund klimatischer Veränderungen des Lebensumfeldes, so werden die aggressiven zu Kannibalen und fressen die friedfertigen einfach auf. Diese zugegebenermaßen drastische Maßnahme, so das akademische Fazit, sichert der Gattung ihr Überleben. Dachshund Trixie und AfVor Amazon wird gewarntfe nicken wissend. Mit den großen Kulturen, Ihr Lieben, verhält es sich ganz ähnlich. Erst wird etwas mühsam aufgebaut, dann festigt es sich und schließlich kommt die Phase des Niedergangs. Die das nicht einsehen, denen geschieht es nur recht, wenn sie am Ende zu den Verlierer*innen gehören, denn sie stellen sich gegen den Lauf der Dinge.

An dieser Stelle unterbricht Le petit Comte die freundliche Rede, indem er sich langsam erhebt, offensichtlich geistesabwesend die rechte Hand zum Kind bewegt, einen Augenblick in dieser dümmlichen Stellung verharrt und schließlich wie ein nasser Sack in seinen Sessel zurück kippt. Unsere Schlange wiegt das Köpfchen zufrieden auf ihrem Samtkissen. Eric ist der Meinung, alles um ihn herum wirke irgendwie ägyptisch (was aber nicht negativ zu bewerten sei). Die Tanten fühlen sich in Hochform, wir merken es ihnen an. Grundlage aller Hochkulturen ist unbestritten eine effiziente Verwaltung. Wie sonst soll durchgegriffen, selektiert, wie sonst das Plätzchen gefunden werden, das uns zusteht, verwalteten wir uns nicht konsequent selbst. Aber da, lallt Le petit Comte dazwischen. Doch die Tanten tun gerade so, als hätten sie nichts gehört und fahren mit Nachdruck fort. Sind wir schon mal in so guter Laune, dann wollen wir uns das von einem Holzkopf nicht zerreden lassen. Nur so funktioniert Diversität ohne Ansehen der Abstammung, Herkunft, Hautfarbe, Religion oder der sexuellen Orientierung. Le petit Comte glotzt vor sich hin. Eric raucht. Gewiss, säuseln die guten Tantchen, dafür braucht es Regeln, die nicht immer von allen verstanden werden, schon gar nicht von solchen Strohköpfen wie dem da, jedoch nur einen einfachen Richtwert: Erfolg. Er garantiert Leistungsbereitschaft und Interessen der Mehrheit und zugleich das erprobte Durchsetzungsvermögen der Eliten. Die dergestalt bewährten Instanzen entscheiden, was für die weniger Erfolgreichen, die Armen und Schwachen, Kranken und Behinderten, das Beste ist, damit auch diese ihren Beitrag leisten können. Oh, juristisch vernünftig programmiert, flöten die charmanten Hausdrachen, kann der auf diese Weise ins Leben gerufene Körper sich auch in Zukunft fortlaufend und ganz wie von selbst optimieren und verfeinern.

Wir hätten es dabei belassen können, nicht jedoch Le petit Comte: Wenn sich Eliten religiös, über Geburt, Geschlecht oder Stand definieren dürfen, so sein Einwand, dann ist das schon ekelhaft genug. Doch bleibt vielleicht eine vage Hoffnung, dass innerhalb der Gruppe Anomalien, Devianzen auftreten, Gewissen, Liebe gar. Hingegen in einem Körper, in dem Rücksichtslosigkeit zur Tugend mutiert, sind doch Schwachstellen von vorneherein ausgeschlossen. Wer will denn zu Schwächlingen aufschauen? Gelächter. Eric legt sich der Länge nach auf den Boden. Von hier sieht alles ganz anders aus. Aber auch daran gewöhnen wir uns verblüffend schnell und schwupps, alles ist wieder wie zuvor. Aber Le petit Comte gibt nicht auf: Die Erfolgreichen, Held*innen, Präsident*innen, Stars, zu denen wir aufblicken, sind die nicht alle verletzt und darum gerade keine geeigneten Vorbilder? Wäre es nicht heilsamer, an ihnen vorbei zu blicken? Worauf denn, kläfft es. Ruhe, Dachshund Trixie. Die Tanten klappern weiter: In diesen Zeiten bieten sich für einen anpassungsfähigen und nicht gerade völlig verblödeten jungen Menschen tausend Gelegenheiten Profit zu machen und daraus folgen alle weiteren Annehmlichkeiten. Wer nicht einsieht, dass Verletzungen dabei nicht ausbleiben und sogar ihre eigene Notwendigkeit haben, es ohne sie keinen Wettbewerb und demzufolge auch keinen Fortschritt geben kann, dass also selbst die Verletzten von ihren Verletzungen wieder profitieren können, indem sie desto entschlossener daraus hervorgehen, hat von den Gesetzen des Daseins nichts begriffen. Kurzes aggressives Durcheinander alberner Hörthört-Rufe. Bibel und Comics lesen reicht eben nicht, keift die eine Tante. Und rauchen auch nicht, die andere. Wie seltsam, sinniert Le petit Comte, ist doch Gotham City gerade ein Ort, mit dem Dunkelheit und Dampf und Nebel untrennbar verbunden sind. Nicht zu vergessen die alles einhüllenden Dampfschwaden von Scarecrows Giftgas. Überall Rauch. Das legt doch nahe, einmal ernsthaft darüber nachzudenken, ob es nicht einen Zusammenhang zwischen ihm und all den kranken Held*innen geben könnte, ob sie nun Batman, Joker oder Commissioner Gordon heißen. Wer, bitte, liest schon Batman oder hat solche Comics in seiner Jugend gelesen?, giften die Tanten. Diese Superheld*innen-Nostalgie konstruiert doch im Nachhinein eine Kindheit, die nicht eine von Euch verzogenen Gören hatte. Und dann diese rührselige Joker-Geschichte, mit so etwas identifiziert Ihr Kindsköpfe Euch heutzutage?

Nun ist es aber genug. Das ist doch verletzend, wie Ihr redet, ruft Le petit Comte. Wie kann die eigene Verwandtschaft so gemein sein. Ruhe, kläfft Dachshund Trixie. Das hättest Du Dir früher überlegen müssen, blubbern die Tanten und biegen sich vor Lachen. Schadenfroh seid Ihr, und das ist ungezogen, ruft Le petit Comte, Tränen in den Augen. O Rosemouth, wer will schon empfindsame Gedanken teilen, wenn wir nach Großmutter Art in unserem Bau sitzen und an einem Netz weben können, an einem Fischernetz oder einem Internetz.

Während die Tanten Rotwein ausschenken und Madeleines verteilen, zieht sich Le petit Comte in seinen Sessel zuWas für ein schöner Morgenrück. Dieser Körper aus Verletzten und Verletzungen von verletzenden Verletzten, denkt er bei sich, ist er dadurch unverwundbar? Dann hätte er aus seinen Verletzungen gelernt. Ein plötzliches Donnerrollen über dem Haus lässt unseren Helden zusammenzucken, doch fährt er unbeirrt fort: Verletzung sucht Vergeltung, ob durch Terror oder das Gesetz; immer findet sie ihren Weg. Immer können wir den bewährten imperialistischen Grundsatz des *divide et impera* wittern. Es scheint als verbirgt sich der Schmerz des Körpers über seine eigene Unvollkommenheit in dieser Formel narzisstischer Rache an sich selbst. Eric blickt sich schläfrig um. Die Madeleines beginnen zu wirken. Seit dem Donner hat sich das Zimmer deutlich in die Länge gezogen. Sollte er das nun beängstigend oder belustigend finden? Eric entschließt sich zu keiner der beiden Ansichten. O ja, schwärmt der Affe und klatscht in die Händchen, es spräche noch so manches für eine Narzissten-Dialektik. Kleinkinder könnten ihr Selbst nicht ausbilden ohne *narzisstische Zufuhr*. Und mangelte es an Narzissmus, wir könnten wohl das eigene Haus nicht mehr verlassen, ohne angesichts der Wettbewerbsverlierer*innen, die in doppelt und dreifach gentrifizierten Bezirken auf der Straße sitzen, entweder unser Mitleid (und damit unser Portemonnaie) zu strapazieren oder einen Nervenzusammenbruch zu riskieren. Es folgen noch weitere Beispiele und nun auch die Synthese: Ein gemäßigter Narzissmus stellt die höchste irdische Vollkommenheit dar, die die Menschheit zu erreichen vermag.

Die Luft im Hause Stenbock ist restlos hinüber von der Qualmerei des Stammhalters. Die Tanten bestimmen, welches Fenster zu öffnen ist, damit kein Zug entsteht. Licht bricht ein, Affe schreit, Stäubchen wirbeln, sofort wieder schließen! Als ginge ihn das alles nichts an und ohne recht zu wissen, was sein mittlerweile auf die dreifache Länge verzogener Arm im Sinn hat, langt Eric nach dem Narzisstenbuch, und blättert mit der Linken lustlos und ungelenk darin herum. Schließlich legt er es wieder beiseite. Eric hätte eigentlich auffallen müssen, dass keiner der Held*innen darin raucht. Aber der Joker raucht spätestens seit 2019 wie ein Schlot. Das beweist doch gar nichts. Wer raucht schon wegen des Geschmacks, piepst Dachshund Trixie und wird vom Affen unterbrochen, der sich mit der Materie offenbar eingehender beschäftigt hat: Die Rauchenden, die, wesenhaft durch ihren Rauch konstituiert, ihr Rauch-Ich weder als da noch dort, vielmehr überall zugleich erleben, sind durch die Unbeständigkeit ihrer Verfassung, beständig auf ihr Rauchseinkönnen bezogen. Es folgt eine Reihe ontologischer Betrachtungen, allesamt unverständlich und daher auch nicht wiederzugeben. Doch bleibt festzuhalten, dass eine Ontologie in Maßen nicht schaden sollte. Wir dürfen aber diese Angelegenheit nur gänzlich und ausschließlich ontologisch betrachten, ruft der Affe. Andernfalls bleibt nur die banale Feststellung zu treffen, wer raucht, muss eben früher oder später erkranken, da es den Organismus nachhaltig schädigt, und das auch noch ohne zu wissen, wozu und warum. Das hat nichts heroisches an sich, woraus sich übrigens auch von selbst erklärt, warum eine Superheld*in nicht raucht.

Da wären aber noch die Zigarrenclubs. Hermetische Laborsituationen der Altvorderen, wo auf Teufel komm raus geraucht werden muss, um die Eliten auf diese alte und bewährte Weise fortzuschreiben. Dort inhalieren wir praktisch alles, Un- und Selbstzufriedenheit, Kolonialismus und ... Nichts als alten Muff und abgestandene Dämonen, zischt die Schlange dazwischen. Kurz, die Idee der Clubs besteht darin, mit erlesenen Abgasen die Akkumulatoren der Rauchenden zu betanken. So findet man im Tabakrauch, was den eigentlichen Genuss ausmacht: eine erhabene Verwandtschaft und damit das wahrhaft Exklusive, Einzigartige: Anamorphose. Dank der globalen Zigarettenindustrie lässt sich das auch individuell auf kleinstem Raum und ohne aufwändige Traditionen zelebrieren. Ein echter Fortschritt, möchten wir meinen. Die Tanten sind entsetzt. Doch nicht etwa wegen der Verletzungen, denn die gehören schließlich zum Familienerbe. Aber hier kommt kein Körper zustande, wettern sie. Hier gehen wir planlos mit dem Schmerz, wir erwachsen nicht an ihm. So wird bloß unser unbändiger Drang kultiviert, uns zu deformieren, ein kosmisches Ungleichgewicht zu erzeugen, energetisch zu verdichten, um so aus unseren Wunden heraus auf die Welt und alles andere zu strahlen.

Was wir davon auch halten mögen, der pandemische Charakter des Narzissmus lässt sich wohl nicht bestreiten. Wehmütig entlässt die Kunst auch diesen ihren Vorzug in die Kultur, gehört doch die narzisstische Störung der Künstler*in seit jeher zum guten Ton. Für

Eric steht der ganze Salon nun schräg, kaum noch zu erkennen sind die verzerrten Figuren darin. Eigenartigerweise hat das nicht den geringsten Effekt auf seine Befindlichkeit. Könnte es sein, dass der Gegenwart die Held*innen fehlen? Und könnte das daran liegen, dass die Autor*in sich lieber selber als Held*in sieht und feiern lässt? Mithin ihre Werke, Antiheld*innen und zerbröselte Existenzen in letzter Konsequenz nur als Belege fungieren für einen literaturhistorischen Konsens, sodass sie mit Fug und Recht von sich behaupten darf, sie kenne die Kloake, durch die eine Held*in erst waten muss, um als Held*in zu gelten? Wäre diese Annahme zumindest Anlass zu berechtigtem Zweifel, könnte man dann nicht daraus folgern, dass die Ursache der epischen Krise die Eitelkeit der Autor*in, also womöglich wiederum eine Verletzung darstellt? Und spiegelt sich darin nicht die Verbitterung des Gentrifizi-Geistes, der sich von fremden Identitäten nährt, um zugleich über ihnen zu rangieren; das imperialistischste Prinzip aller Prinzipien?

Doch Aussterben ist eine andere Welt und sind nicht Tante Roberte und die Gesetze epischer Gastfreundschaft in ihrer Anamorphizität voll erhabener Kompensation? Kaum hat Le petit Comte dies gedacht, malt er auch schon in hirnverbrannter Weise ein *A* so lang wie einen Weihnachtsbaum und so schmal als hätte es beinah nur einen Schenkel. Eric schaut ihm über die Schulter, Dachshund Trixie liest: Zum einen lebe ich auf einer rotierenden Kugel, die mit 100.000 Kilometern in der Stunde um die Sonne rast, in einem SonnMein einziger Wunsch war es immer zu helfen, Ihnen zu helfenensystem, das mit einer Million Stundenkilometer um das Zentrum unserer Milchstraße rotiert. Zum anderen bestehe ich aus Billionen von Zellen, die zusammen einen Organismus ergeben, der wiederum etwas ausbildet, das wir ein Bewusstsein nennen, das *Ich* sagt, *Ich* behauptet und *Ich* lebt. Es gibt offenbar zu jeder Erkenntnis einen Wahn, der sie erträglich macht.

Um der Wahrheit die Ehre zu geben sind solche Wahrheiten wie Bärte. Umhängebärte fürs Gehirn. Kam das jetzt aus dem Kamin? Eric ist schlecht von den Madeleines. Aber auch wenn der Narzissmus der Künstler*in nichts neues ist, hat das doch wenig zu tun mit dem Vorurteil, sie kreise um sich selbst, weil sie ihre Arbeit erst erfinden müsse, und das täglich. (Ein narzisstischer Mythos, um dem Vorwurf des Müßiggangs zu begegnen.) Vielmehr fördern Verletzungen aus Intrigen, Ignoranz und Krisen, sowie Ehrgeiz und der Wille zur Selbstausbeutung (ein Akt narzisstischer Autoaggression) die Hingabe. Jawohl, vermeldet eine Stimme aus dem gleichen Rohr: Das Paradox der künstlerischen Arbeit besteht gerade darin, dass Kunst zwar immer ein Schritt in Richtung frischer Luft sein, gleichzeitig aber die Erwartung des Publikums bestätigen soll, andernfalls kann nicht erkannt und folglich auch nicht anerkannt werden. Wird zu langsam erkannt, hat die Künstler*in zu Lebzeiten nichts davon. Wird hingegen zu schnell erkannt, führt das beim Publikum zu Enttäuschung und nicht selten zur bittersten Strafe, die Peinlichkeiten nun einmal mit sich bringen: sein Schweigen. Wer sich aus eigener Kraft wieder aufzuraffen vermag, dürfte das Format eines Jokers erreicht haben.

Tja, dann soll das wohl die Technik der Kulturproduktion sein, die uns allesamt zu Konsument*innen und

Hinter dieser Tür ruht das Herz von Eric Stenbock.

Produzent*innen einer narzisstischen Verletzungsindustrie macht. Zumindest ist jetzt Ruhe eingekehrt. Auch Le petit Comte, froh, dank der vielen Madeleines endlich wieder im Paradies angekommen zu sein, hat sich beruhigt. Kann das auf Dauer gut gehen? Diejenige Leser*in, die eine Leidenschaft für Bibelexegesen hegt, weiß längst, dass ein *hortus conclusus* nicht nur ein auf Ausschluss angelegtes Idyll darstellt. Auch nach innen wird gespalten, wofür der geteilte Apfel zu Anlass und Sinnbild wurde, obwohl der gemeinsame Genuss zunächst nichts anderes vollzieht als ein sinnliches divide et cetera. – Doch müssen wir nicht erst erkennen, dass wir wenigstens zwei sind, bevor es sinnlich werden kann? Offenbar dümpelten wir davor nur blöd vor uns hin. Dass wir dabei gelegentlich übereinander stolperten, ist natürlich nicht völlig auszuschließen. Aber ob wir das *sinnlich* nennen können? Dem Himmel sei Dank sind wir da raus, stöhnt die alte Tante. Wie der sich aufgeführt hat. Das Geschrei tönt mir heute noch in den Ohren. Raus hier, sofort! Und diese schrecklichen Drohungen und Flüche, die uns ein Leben lang begleiten, wenn nicht länger. Gut, dass alles genau dokumentiert wurde. Nicht auszudenken, was der mit seinen beiden Meerschweinchen angestellt hätte. Da müssen wir doch mal fragen, wer oder was hier die erste Verletzte ist? Ich, die Schlange, diejenige, die den ersten Vertrauensbruch erfuhr, ein höheres Prinzip? Wer oder was macht eine Schlange zur Schlange? Ist der oberste Baumeister enttäuschbar, weil sein Werk nicht so will wie er; ist er verletzbar, ein primus inter pares?

O meine Geschwister, wir wissen es nicht und wüssten wir es, so wäre das wohl kaum besonders göttlich, für eine Gött*in. Die Welt kann so ekelhaft sein, aber auch so lecker, seufzt der Affe und nippt an seinem Chateaubriand. Recht hat er. Göttliches wie Affiges haben ohnehin zurückzustehen, wenn es darum geht, uns einmal mehr mit Wallstreet-Wölfen, Wolfsfrauen oder Medienclowns zu identifizieren. *Homo homini lupus est* lautet die gern zur Rechtfertigung gewisser (menschlicher) Regungen gebrauchte Sentenz. Lesen wir in den *Eseleien* des Titus Maccius Plautus nach, steht da *Lupus est homo homini, non homo, quom qualis sit non novit*, wen oder was auch immer man da kennt oder unter dem Wolfspelz zu erkennen vermag. Wenn aber das Er-/kennen oder Er-/kenntnis erst durch den geteilten Apfel eintrat, dann müsste die paradiesische Zeit diejenige gewesen sein, in der wir uns gerade nicht er-/kannten. Anders ausgedrückt: Wir Mensch scheinen uns Menschen gut zu sein, solange wir das Gegenüber nicht er-/kennen oder zu er-/kennen glauben; oder noch anders ausgedrückt: solang es uns wurscht ist. Wenn also der Rauch verschmerzt oder der Schmerz verraucht, ist zumindest mit einer Pause zu rechnen.

V

Gehirn

Demiurgische Interessen

Erwägen wir, wie schwierig es ist, zu bemerken, wann wir in einem anderen Gehirn herumspazieren, so würden wir uns wundern, wie selten der Fall ist, da wir es nicht tun. Darauf wäre natürlich sofort zweierlei zu erwidern, nämlich einmal, dass wir das so gar nicht sagen und erst recht kaum beweisen können. Und außerdem, wenn wir es könnten, dass das ja nun gar nicht so schlimm sei, wenn wir nicht immer alles haarklein wüssten, es doch immerhin wenigstens auch zweierlei Weisen gäbe, wie wir unser Leben auch ohne diese Erkenntnis glücklich und zufrieden vertun können. Indem wir nämlich entweder das Leben einfach seinen Lauf nehmen lassen, zack – ins Blaue hinein, oder ein strenges, von Disziplin und Belohnung bestimmtes anstreben. Wir also entweder von Gehirn zu Gehirn taumeln oder uns für ein möglichst passendes, geräumiges entscheiden, um uns darin, so gut es geht, einzurichten.

Bei der Erörterung solcher Art Hypothesen ist es ratsam, wenigstens mit möglichst unterschiedlichen Beispielen aufwarten zu können. Andernfalls verliert die Autor*in an Glaubwürdigkeit oder wird bestenfalls aufgrund fragwürdiger Überredungskünste und der Erlahmung der Aufmerksamkeit der Zuhörer*in mit der eigenen Ansicht geduldet, was weder Befriedigung, noch Vergnügen verschafft, vielmehr sogar einen Betrug an der Leser*in und sich selbst darstellt. Da unser Gegenstand nun mal das Gehirn ist, das aber eben auch das Organ ist, mit dem wir diese Abhandlung verarbeiten müssen, so befinden wir uns bereits in einem Dilemma, das lang und breit zu erörtern uns das Vergnügen sicher vollends zunichte machen würde. Wie entkommen wir dieser Zwickmühle? Nun, indem wir diesen rechthaberischen Unterteufel am Zwilch packen und ordentlich grittelen. So ergeben sich zwei Richtungen, in die wir zugleich denken können, ohne auf unseren Gegenstand verzichten zu müssen. Vorweg soll aber noch darauf hingewiesen werden, dass erstens Gehirnspaziergänge oder das Bewohnen von Gehirnen nicht unbedingt eine spaßige Sache sind. Wir können dabei nie wisIch fühl mich so unfähig, so hilflos, so dummsen, was wir uns einfangen oder verlieren. Zweitens ist die Entstehung der Gehirne hier nicht Thema. Ebenso wenig die verschiedenen Arten ihrer Beschaffenheit und entsprechende Lehren, respektive von den ererbten Hirnen, den zusammengesetzten Gehirnen oder dem Wahlgehirn[15]. Uns interessiert zuvorderst ihr – sagen wir: Charakter.

Ein besonders ausgebildetes Gehirn betrat ich Anfang der 80er Jahre des letzten Jahrhunderts, als ich als Kind mit meinen Schwestern auf dem Dachboden meiner Großmutter nach Kleidern meines verstorbenen Großvaters suchte. Die Frau hatte nie etwas wegwerfen können. Alles war reinlich und gewissenhaft in unzäh-

---

15 Wenn vom Bewohnen *anderer* Hirne die Rede ist, dann ist damit angedeutet, dass sie nicht notwendig auch fremd sein müssen, mithin vielleicht gar nicht so anders sind, wie man meint. In solchen Fällen kann man davon ausgehen, dass ein Hirn sein Wahlhirn, möglicherweise sogar sein Meisterhirn gefunden hat.

lige, mit Haushaltspapierchen und Folien ausgelegte Kartons sortiert und eingemottet. Das, was nicht mehr in Schränke und Kommoden, Anrichten und Kleiderständer ging, stand akkurat gestapelt im Raum verteilt. So ergab sich irgendwann ein enges Labyrinth aus Gängen und Nischen. Der Malepartus meiner Kindheit. Unvorstellbar, wie diese Großmutter es geschafft hatte, jahrelang durch das Gerümpel hindurch zu manövrieren und wie es bei ihrer Statur möglich war, solche Konstruktionen aufzuschichten. Wir Kinder krochen hindurch und atmeten den abgestandenen Muff im Halbdunkel des engen Raumes.

Eigentlich hätte ich erwartet, dass dieser Kammergeruch, eine Mischung aus Reinlichkeit und Sorge, Strenge und Staub, irgendwann wiederkehren und eine Verbindung herstellen müsste. Aber kein Dachboden, keine Rumpelkammer, kein Keller oder Altersheim, kein anderes Zimmer und kein Mensch haben je auch nur annähernd so gerochen.

Dachboden, Speicher, Gehirn eines Hauses – wessen Werk war das hier, wessen Gehirn, in dem wir spielten? Das des Hauses, meiner Großmutter, einer ominösen Instanz, einer ganzen Kultur oder einer Mischung aus alledem? Deutlich wurde, dass es weniger um die eingelagerten Gegenstände ging, als um eine Tradition des Einlagerns und Speicherns. Eine Folge des Krieges? Jedenfalls konnte sie nichts wegwerfen, und da sie selber geahnt haben musste, dass mit diesem unanständig geschonten Krempel niemand jemals etwas anfangen können würde, blieb wohl nur noch das Muster. Rudimentär, aber reinlich und irgendwie schleichend und gebeugt. Das Muster stellt die Verbindung. So kann aus einer Höhle eine Abstell- oder Grabkammer und schließlich ein Speicher zu einem Gehirn werden, aus dem wir bei Bedarf abrufen oder reanimieren. Und diese Verbindung muss makellos sein, sonst funktioniert sie nicht und es zerfällt. Erinnerungen, Relikte, Reliquien, Grabbeigaben, Anordnungen; das allein reicht nicht. Die Art der Aufbewahrung, Verpackung, Inszenierung, das Design, das Format sind entscheidend. Gottesfürchtigen Menschen müsste theoretisch genügen, dass sie Gott um und in sich wissen. Aber es müssen seit eh und je Orte geschaffen, Gotteshäuser gebaut werden, die betretbar sind. Diese müssen von Ära zu Ära, von Jahr zu Jahr geeigneter, reiner und nach Möglichkeit laufend optimiert werden.

Die Aktualisierung muss also auf dem neuesten Stand sein und zugleich Ewigkeit versprechen. Wir sehnen uns nach dem Archaischen und schützen uns durch das Zeitgemäße. Wie viel Überwindung mag die Einführung der Markthallenarchitektur der Basilika gekostet haben, die die kleine, düster-muffige Kapelle ablöste. Und wie viel die des Lichts, das ins Dunkel des Walfischbauchs gerissen wurde. Wer aber das Gehirn der Gotik im Chorumgang von St. Denis betreten hat, wird feststellen, dass das Licht hier nicht etwa Licht ins Dunkel bringen soll. Das schummrige Zwielicht mit seinen durch verschachtelte Radialkapellen, Pfeiler und Bögen erzeugten vielfältigen Qualitäten lässt ein Erfassen des Raumes als ein Ganzes gar nicht zu. Vielmehr scheint dieses Gehirn zum Ziel gehabt zu haben, alle anderen Gehirne zu verwirren. Dieses Format hat das vormals romanisch Brachiale nicht mehr nötig.

Ein wenig mehr Farbe wäre jetzt wünschenswert. Entweder versteht ein Gehirn es, sich zu aktualisieren, oder es wird abgelöst. Im ersteren Falle müsste es eine Technik entwickeln, um den bekannten Raum erneut zu überwinden, im zweiten eine neue Perspektive, vorzugsweise in Anlehnung an eine traditionelle Technik. Folgerichtig abgelöst wird die Ära Suger von Saint-Denis durch das *sistinische Gehirn*, zwar immer noch physisch betretbar, doch in der Zweidimensionalität des Deckengemäldes Michelangelos deutlich auf dem Vormarsch zum Design. In der schablonenhaften Applikation von figurativen Motiven und Trompe l'oeil wird ein virtueller Raum erzeugt, der quasi hinter der Decke liegt. Im Zentrum der Darstellung schwebt der Demiurg. Das Bild könnte die Geburtsstunde moderner PR markieren. Hier werden immanente Widersprüche in einer grandiosen Inszenierung transzendiert. Die demiurgischen Interessen der Beteiligten decken sich im Sinne des Zeitgeists: Der Weltenbauer der Genesis, der Künstler und Architekt, der gütige Vater und Mann des gerechten Zorns und nötigenfalls des Schwerts, Wissenschaft und Künste im Glauben vereint, Schöpfer eines neuen Welt- und Menschenbildes. Ob also das Konzept dieses Monumentalwerks Michelangelos Gehirn oder dem des Papstes zugute zu halten ist, wer vermag das zu beantworten. Ohne den einen, den anderen oder das Dritte hätte es die Decke so nicht gegeben. Eine gelungene Fusion zweier großer Egos, *kongenial*, müsste man es nennen: ein *Zusammengeist* oder Teamhirn.

Die historisch größtmögliche und nachhaltigste Ausdehnung eines solchen Superhirns darf sich wohl das imperialistische Gehirn Roms zuschreiben. Seine Ambition: die Umstrukturierung der Welt. Aus der Entfernung betrachtet ein ebenso zu Monotonie wie Grausamkeit neigendes Langzeitprojekt. Für unser Gehirnstudie interessant wird es in dem Moment, da dieses an sich autogame Gebilde den Arminius gebiert. Im Gegensatz zu seinem Bruder Flavus, der Rom beharrlich die Treue hält, verlässt Arminius das römische Wahlgehirn und wendet sich gegen es; für dieses – und uns – völlig überraschend. So scheint es. Aber verlässt er es auch wirklich, und wenn ja, welches Gehirn betritt er stattdessen? Hirnlos war sein Tun sicher nicht. Kam es also zu einer Spaltung im Sinne von Dr. Jekyll und Mr. Hide? Hatte der ranghohe römische Offizier mit germanischen Wurzeln plötzlich ein eigenes Gehirn ausgebildet, was so attraktiv erschien, dass ihm so mir nichts, dir nichts die untereinander zerstrittenen Stämme folgten, um den offenen Kampf gegen eine Weltmacht aufzunehmen? Oder gab es keine Spaltung? Kam es innerhalb des römischen Riesenhirns zu einer partiellen Anomalie, einer beschleunigten Entwicklung, die das eigene selbstzerstörerische Potenzial imperialistischen Wachstumswahns in der Person des Arminius antizipierte? Wir können uns schwer vorstellen, dass ein als Kind in pro-römischem Umfeld erzogener, dann in Rom geschulter Offizier, im aktiven Dienst bewährt, mit römischem Bürgerrecht und als Ritter ausgezeichnet, sowie besten Karriereaussichten das dringende Bedürfnis verspürt, das alles in den Wind zu schießen, um sich mit zerstrittenen Barbarenclans herumzuärgern. Varus konnte das offensichtlich auch nicht, sonst hätte er auf die Warnung des Segestes gehört und Arminius verhaften oder anderweitig aus dem Weg räumen lassen. Aber so einfach ging das eben nicht. Nicht mit einem Offizier mit römischem Bürgerrecht. Es überzeugt nicht, dass es sich bei Arminius im Kern um einen Naturburschen oder einen gezähmten Wilden aus dem germanischen Wald gehandelt haben soll, der plötzlich rückfällig wird. Es gibt auch keinen Grund zur Annahme, dies sei aus sentimentalen Gründen geschehen, weil er die Ausbeutung des eigenen Volkes nicht mehr mitansehen konnte. Eher sollten wir davon ausgehen, dass auch die cheruskische Führungsschicht mit ihrer Bevölkerung nicht zimperlich umging und ihre Autorität zu behaupten wusste. Nach außen gab es den kulturellen Austausch, es wurde gehandelt, Geschäfte gemacht, und das nicht erst seit gestern. Es gab vielleicht keine stammesübergreifende Instanz, wie in der Nachbarschaft unter Marbod, und sicher auch kein Nationalbewusstsein, aber Informationen und Verbindungen. Vor allem aber gab es ein Standesbewusstsein, Ehrgeiz und damit verbunden einen Sinn für Geschäfte, Politik und Karriere. Das gilt für Arminius genauso wie für Varus. Varus hatte die Chance in Germanien seine Karriere zu befördern. Es wäre politisch unklug gewesen, sich einen aufstrebenden und einflussreichen Verbündeten wie Arminius zum Feind zu machen. Nur scheint es nicht so, als hätten wir mit dem Gehirn unsere Wahl.

Anders ausgedrückt: das auf Macht und Expansion drängende Gehirn übt auf seine Bewohner*innen einen Zwang aus, der das Handeln durch Karriere- und Konkurrenzdenken bestimmt. Varus wie Arminius müssten also prinzipiell dem gleichen Druck ausgesetzt gewesen sein. Während Varus seinen persönlichen Erfolg offenbar in einer rücksichtslosen Beschleunigung seines Auftrags und darüber hinaus eigenmächtigen Bestrebungen zu verwirklichen suchte, wofür er auf einflussreiche und ehrgeizige Männer wie Arminius keinesfalls verzichten konnte, muss dieser seine Chance, in eine angemessene Führungsposition aufzusteigen, in einer militärischen Kehrtwende gesehen haben.[16] Beide Strategien widersprechen nicht ihrer römischen Prägung, die den persönlichen Ehrgeiz als einen wesentlichen Antrieb bei der Verwirklichung ihrer Expansionspolitik zugrunde legte und förderte. Folglich muss ein enormer Druck zu einer ungezügelten, geradezu kopflosen Entscheidung ge-

---

16 Wie ein Drache zu entfesseln ist, dürfte einer römisch ausgebildeten Führungspersönlichkeit nicht unbekannt gewesen sein. Das menschliche Bedürfnis nach archaischem Erleben in neuem Gewand ist ein geläufiger Mechanismus, der sich auch in Rom bewährt hat. Ob Religion oder Ahnenkult, alte Sitten und Gebräuche, Volks- oder Stammesverbundenheit – all das sind effektive Muster. Sie schaffen Identität und damit Verpflichtung. Bei gleichzeitig geschürter Aussicht auf materiellen Gewinn und Vergeltung setzt sich das Ungetüm wie von selbst in Bewegung.

führt haben, die letzten Endes beide Akteure in ihren Untergang führte und auf diese Weise ihre eigenmächtigen Unternehmungen beendete. (Der eine wählt den Freitod noch auf dem Schlachtfeld, der andere wird einige Jahre später von den eigenen Verwandten ermordet.) Das Gehirn stieß hier an seine Grenzen, wörtlich wie im übertragenen Sinne. Die entgleisten partikularen Interessen machen der Demiurg*in einen Strich durch die Rechnung.

Wir können also festhalten, dass ein Gehirn sich vor nichts mehr hüten muss als vor der Verselbständigung einzelner privilegierter Akteur*innen infolge allzu hoher Motivation. Es ist demnach immer von Vorteil, ein System von Anreiz, Demütigung und Belohnung zu schaffen, infolgedessen den wenigen, die es bis nach oben durchlaufen, primär daran liegt, es aufrecht zu erhalten. Alle anderen aber dergestalt mit dem Ergattern ihrer verdienten formalen Position beschäftigt sind, dass ein Überblick als nicht zu bewältigen oder besser noch als völlig sinnlos erscheint. Als Mittel bietet sich die Strategie moderner Verwaltung an, die Verbindungswege zwischen den Gewalten derart zu verfeinern, dass Verantwortung nicht mehr an die Entscheidung einzelner gebunden und zuvorderst auch nicht mehr nachzuvollziehen ist, da jede Recherche derart kompliziert oder unerquicklich werden muss, mithin die Aufnahmebereitschaft von ganz allein erlahmt und versickert. Auch die Lektüre eines Kafkas beispielsweise kann daran nichts (mehr) ändern, da sie weder in neuem Gewand erscheint, noch die Gefahr besteht, dass die Leser*in die literarische Abteilung des Gehirns mit der alltäglichen oder gar der politischen hinreichend (wenn überhaupt) verknüpfen könnte.

Wie es scheint, hat die Menschheit aus der Geschichte der Gehirne gelernt. Es sieht ganz so aus – und fühlt sich auch so an – als sei das World Wide Web das globale Megahirn unserer Zeit und als seien wir uns dessen auch bewusst. In der Tat können wir von einem aus den Vorzügen gotischer Sakralarchitektur, Reinigungszwang und römischem Appetit kreierten aseptischen, technogigantischen, virtuellen und doch begehbaren, unendlich sich ausdehnenden Informations- und Vernetzungsgebilde sprechen. Dem Fuchsbau mit seinen Verzweigungen und Fluchtwegen verwandt, und insofern eine irdische Angelegenheit. Die eigene Zentrale ist in Sicherheit und auftauchen können wir an den entlegensten Orten. Die virtuelle Präsenz leuchtet auWie wäre es jetzt mit einer schönen Tasse Teef, verschwindet wieder, und sie kann auch bei Bedarf reanimiert werden. Und nicht nur das. Das Gehirn verheißt uns kreative Mitarbeit und Meriten. Wer bisher glaubte, das sei nur Päpsten, der Politik, Investor*innen oder NGOs vorbehalten, muss sich eines besseren belehren lassen. Kein demiurgisches Interesse ist zu gering. Wir alle sind eingeladen uns einzubringen, unsere Spuren zu hinterlassen, mitzugestalten an der größten Gehirnbaustelle der Welt.

Gleichzeitig aber greift eine effiziente Umstrukturierung durch Plattformen, Ranking und Highspeed-Technologien. Sie verfügt über mess- und verwertbare Datenanalysen, sowie juristisch kompatible Parameter. Es zeigt sich, dass das Internet nicht das ersehnte Gehirn sein kann, denn gedacht wird von woanders her. Das Netz zieht die User*in durch den virtuellen Raum hinter den Schirm und so beinahe unmerklich in die Realität des bislang mächtigsten aller Gehirne. Dieses Format lässt sich nicht greifen und nicht sehen. Doch an seinen Aufgaben lässt es sich erkennen:

Denn darauf muss ein Gehirn also achten, Datenmenge und -geschwindigkeit nicht zu vernachlässigen und stetig zu erhöhen. Erste Pflicht ist es, den Bedarf an Identität zu nähren und durch geeignete Angebote immer wieder neu zu versorgen, jedoch nie zu sättigen.

Ein erfolgreiches und kluges Gehirn muss darauf bedacht sein, alles zu vermeiden, wodurch es veraltet oder verkompliziert erscheinen könnte.

Es muss darauf achten, dass es weder klug noch dumm, weder rücksichtslos noch verständig erscheint. Andernfalls verlieren wir den Respekt vor ihm.

Es ist ratsam, das Netz als ein *freies* zu belassen. Dadurch bleibt es offen und folglich einladend. Gleichzeitig muss ein sich in seinem Verfeinerungs- und Optimierungsdrang automatisch komplex entwickelndes Netz an technischen Anforderungen und juristischen Reglements zugelassen werden. Die auf diese Weise entstehende Kontroll- und Abmahnindustrie sowie der Technologievorteil der Konzerne sorgen für eine spürbare Hierarchie und gewährleisten die wirtschaftliche Lenkbarkeit zusätzlich zur unkomplizierten Datenerfassung aller Individuen.

Folgt ein Gehirn den wenigen grundlegenden Gesetzmäßigkeiten, so kann es praktisch nach Belieben verfahren, Existenzen zulassen oder auslöschen. Denn die Individuen sind entweder ununterbrochen mit sich und ihren Aufgaben beschäftigt oder aber isoliert in ihrer Depression. In beiden Fällen aber sind sie unfähig sich zu solidarisieren und somit nicht imstande zu einer ernsthaften Gefahr oder Bedrohung zu wachsen.

Kulturelle oder künstlerische Aktivitäten müssen in jeder Form zugelassen und mit Vergünstigungen und Ausnahmeregelungen freigestellt werden. Nur so lässt sich langfristig ein Prestigeverlust verhindern, sodass nicht irgendwann nur noch degenerierte User*innen im Billigweb ihre Zeit vertrödeln und das Projekt zerfällt wie einst die Megalithanlagen.

Was aber die Geschichte der Gehirne angeht: Wollen wir uns ein Bild machen von der historischen Entwicklung, so werden wir wohl mit einer endlosen Verkettung von Demiurg*innen und Umstrukturierungen rechnen dürfen, die die Hoffnung auf ein identisches Gehirn wohl als eine weitere Illusion anerkennen muss.

Inhalt

RENÉ LUCKHARDT (*1972) ist ein deutsch-schweizerischer Maler. Seine anamorphen Portraits und Stillleben werfen Fragen grundsätzlich verzerrter Wahrnehmung auf. Luckhardt initiierte Künstlersalons in Berlin und New York. Er ist Co-Autor von *HER* und der *Grammatik der Malerei*, sowie Mitherausgeber von *Zsf*. Er lebt und arbeitet in Berlin.

edition taberna kritika
Neuerscheinungen 2020/21

Christoph Simon
Die Dinge daheim
ISBN 978-3-905846-61-4

Tine Melzer
Ludwig & Gertrude
ISBN 978-3-905846-60-7

Brigitte Bättig (Hg.)
Merz Material
ISBN 978-3-905846-59-1

Julia Haenni
kiosktexte
ISBN 978-3-905846-58-4

Martin Bieri
Henzi Sulgenbach
ISBN 978-3-905846-57-7

Norbert W. Schlinkert
Tauge/Nichts
ISBN 978-3-905846-56-0

Ausführliche Informationen über unsere Neuerscheinungen und das Gesamtprogramm finden Sie im Internet unter www.etkbooks.com

edition taberna kritika
Gutenbergstrasse 47
CH - 3011 Bern
Tel.: +41 (0) 77 425 2 180
info@etkbooks.com | http://www.etkbooks.com